송강 스님 영상 화두

말·침묵 그리고 마음

도서출판 도반

- 한산 화엄(寒山華嚴)선사를 은사로 득도
- 화엄, 향곡, 성철, 경봉, 해산, 탄허, 석암 큰스님들로부터 선 (禪), 교(敎), 율(律)을 지도 받으며 수행
- 중앙승가대학교에서 5년에 걸쳐 팔만대장경을 일람(一 覽)
- BBS 불교라디오방송 '자비의 전화' 진행
- BTN 불교TV방송 '송강 스님의 기초교리 강좌' 진행
- 불교신문 '송강 스님의 백문백답' 연재
- 불교신문 '송강 스님의 마음으로 보기' 연재
- 불교신문 '다시 보는 금강경' 연재
- 『금강반야바라밀경』 시리즈 , 『송강 스님의 백문백답』 , 『송강 스님의 인도 성지 순례』 , 『송강 스님의 미얀마 성지 순례』 『경허선사 깨달음의 노래(悟道歌)』 , 『삼조 승찬 대 사 신심명(信心銘)』 , 『송강 스님이 완전히 새롭게 쓴 부처 님의 생애』 , 『초발심자경문』 , 『다시 보는 금강경』 출간
- 서울 강서구 개화산(開花山) 개화사(開華寺) 창건
- 현재 개화사 주지로 있으며, 인연 닿는 이들이 본래 면목을 깨달을 수 있도록 기초교리로부터 선어록에 이르기까지 다양한 강좌를 진행하고 있으며, 차, 향, 음악, 정좌, 정념 등을 활용한 법회들을 통해 마음 치유와 수행을 지도하고 있음

흩어놓은 글들을 모으며

말과 글은 참 편리합니다. 하지만 깊은 마음을 표현하려면 참 부족한 것이 또한 말과 글입니다. 그래서 옛 선지식들은 밥주걱과 국자처럼 말과 글을 사용하였나 봅니다. 밥주걱과 국자는 밥과 국을 옮겨주는 것이기에 밥과 국을 잘 먹으면 되듯이, 말이나 글도 보이지 않는 '그 무엇'을 정확하게 주고받을 수 있다면 멋진 도구가 될 것입니다.

일반 대중들과의 소통을 위해 페이스 북에 올렸던 짧은 글들을 모아 한 권으로 묶었습니다.

잠시 휴식이 필요할 때 친근한 벗과 얘기를 나누듯 한 자락 펼쳤다가 덮으면 되는 그런 글들입니다.
아무쪼록 마음 편케 하는 작은 휴식의 장이 되었으면 참 좋겠습니다.

불기 2562(2018)년 부처님 오신 날을 맞으며
개화산 자락에서 時雨 松江 손 모둠

비 오는 날 유리창에 맺히는

물방울을 보면서

어떤 이는

닦을 것을 생각하며 귀찮아하고

흔적을 닦을 때도

내내 비 탓을 하며 짜증을 낸다.

어떤 이는

비가 주는 선물이라며 아름답게 보며

얼룩 닦을 때도

깨끗해지는 유리창을 보며 즐거워한다.

차례

가장 아름답고 소중한 것

꽃이

아름답다는 것은

누구나 다 압니다.

그러나

자신의 본래 마음이

그 꽃보다

더 아름답다는 것을

아는 이는 많지 않습니다.

13

■

가장 아름다운 것, 가장 소중한 것, 언제나 변함 없는 것은 밖에 있는 것이 아닙니다. 하지만 그 것을 찾은 사람은 그리 많지 않습니다. 잘 보이지 않기 때문입니다. 그것은 눈으로 볼 수 있는 것이 아니기 때문이지요. 그래서 자꾸만 밖에서 찾으 려고 합니다. 그러나 밖에서 찾은 것들에 만족하 고 있는 한 절대로 영원한 행복에 도달할 수는 없을 것입니다. 그러므로 안을 보라고 하는 것입니다. 단 육신의 눈으로 보려고 해서는 안 됩니다. 얼굴에 있는 두 눈은 밖으로만 향하기 때문입니다. 눈을 감고 생각을 멈추면 감춰져 있는 제3의 눈이 떠집니다. 그 눈으로 안에서 가장 소중한 것을 찾은 사람은 결코 다시 실망에 빠지지 않습니다. 그래서 늘 행복할 수 있습니다.

언행(言行)

새싹

하나에도

우주의

모든 에너지가 담겨 있듯이

하나의

언행에도

그 사람의

모든 모습이 드러납니다.

■

우리가 가진 도구 가운데 말과 문자만큼 편리한 것은 없습니다. 그러나 이 말과 문자만큼 위험한 도구도 또 없습니다. 거의 모든 오해와 다툼이 아주 간단한 말에서 시작된다는 것은 누구나 압니다. 심지어 엄청난 전쟁도 그 시작은 아주 사소한 말에서부터 시작되었음을 우리는 역사를 통해 배웠습니다.

하지만 우리는 일상생활에서 습관화된 말버릇을 그대로 되풀이합니다. 그러면서도 정작 본인은 자신의 말이 상대에게 어떤 폐해를 주는지를 모릅니다. 뿐만 아니라 자신이 하는 말로 인해 자신이 살아온 삶이 고스란히 상대에게 노출되는 것도 알지 못합니다.

자신이 무심코 던지는 말이 곧 숨길 수 없고 꾸밀 수 없는 자신의 인격임을 깨달아야 합니다. 자신의 행복과 불행이 한마디 말에서 갈리고 있는 것을 깨달아 빨리 고치지 않는다면, 자꾸만 후회할 일이 생깁니다.

삼세인과(三世因果)

아침 뜰에 꽃이

혼신의 힘을 쏟아 곱게 피었습니다.

약간 떨어져 한편에

시든 꽃과 필 꽃이 이웃해서 보입니다.

과거와 현재와 미래가

하나의 꽃대 위에 있습니다.

사람들은

과거를 잊으려 하고

미래를 외면하려 하지만

결국

자신 안에 그 모든 것이 있는 것입니다.

■

사람들은 걸핏하면 운이 없다거나 재수가 없다고 얘길 합니다. 이런 말들은 특히 일이 풀리지 않을 때 주로 사용하지요. 어떤 일이 오직 단적으로 일어나는 경우는 없습니다. 천 가지 만 가지로 얽히고설키는 인과의 이치를 알아야 합니다. 지금 자기 일이 실패로 기울고 있다면 그 이유를 정확히 알아야 합니다. 주변을 탓하며 자기의 허물을 고치지 않으면 또다시 실패를 부를 것입니다.

지금 자신이 하는 일이 앞으로 어떻게 전개될 것인지를 내다봐야만 합니다. 앞을 내다보고 준비해서 실패를 예방하지 않는다면 나중에 후회하게 됩니다. 과거와 현재와 미래는 절대 따로 분리되질 않는다는 사실을 빨리 깨달아야 합니다. 어리석은 사람은 항상 밖에서 핑계를 찾고 남이나 환경을 탓하고, 지혜로운 이는 항상 승패에 상관없이 자신의 허물을 먼저 살핍니다.

조화(調和)

어느 날 오후
차를 마시다
무심코 돌아다 본 문에,
서쪽으로 가던
해님이
고운 빛으로 그림을 그렸다.

빛은
그림자를 분명하게,
그림자는
빛이 환하게.

세상은

빛과 그림자가

어울리며 만든 그림이다.

◼ 사진 - 오후 햇빛을 받고 있는 개화사 무량수전 남쪽 출입
문.

■

사람들은 흔히 선(善)과 악(惡)을 나누고, 옳고
(是) 그름(非)을 나눈다. 그런데 그 기준이 무엇
일까? 기준이 있다고 한다면 과연 누구를 위한
기준일까? 원효대사께서는 악(惡)은 말할 것도
없고 선(善)도 행하지 말라고 하셨다. 혜능선사
께서는 선(善)도 생각지 않고 악(惡)도 생각지 않

을 때, 우리의 주인공이 어디에서 당당한가를 물으셨다.

빛이 없는 그림자는 없다. 그림자가 있으면 곧 빛이 있는 것이다. 이 둘은 결코 분리되지 않는다. 오히려 이 둘이 조화로울 때 세상은 아름다운 것이다.

크고 둥근 거울

누구에게나

아주 크고 밝은 거울이 있습니다.

눈앞의 대상을

남김없이 분명히 비춰 보이고,

잘 보지 못하는

대상의 뒷모습도 비춰 보이며,

지켜보는

자신의 모습까지 보여주는 거울입니다

■ 사진 - 관리장이 정원에 물 주는 것을 촬영. 유리문에 관리
장의 뒷모습과 촬영하는 모습까지 보인다.

■

자신이 하려는 일 성취하는 지혜가 있습니다.

모든 흐름을 살피는 미묘한 지혜가 있습니다.

한쪽에 치우치지 않는 평등한 지혜가 있습니다.

크고 둥글어 모든 것을 다 비추는 지혜가 있습니다.

지금 당신께서는 어떤 지혜와 함께 하고 있는 건가요.

차 달이는 밤

천년 고목 피워 낸 찻잎

깊은 공력의 다인이 덖어,

백년의 변화

오직 그리움으로

삭이며 기다렸었네.

고운 빛

그윽한 향

오묘한 맛

그대 위해 달였으니,

문 열고 기다리는 이 밤

새기 전 달빛 밟아 오소서.

■ 사진 - 약 120년쯤 세월이 흐른 것으로 추정되는 복원창 (福元昌)을 달인 색을 살펴보았습니다. 위에서 오른쪽으로 돌아가면서 작은 다호(茶壺) 3회씩을 따른 것입니다. 아주 묽 어질 때까지 진행하면 2배 정도 더 나올 것입니다.

마음 맑히기

향을 사루니

곧 정갈해지고(戒香),

향을 사루니

곧 고요해지네(定香).

향을 올리니

슬기로워지고(慧香),

향을 올리니

자유로워지네(解脫香).

아~ 침향을 사루니

막힘없이 모든 것

마음에 비치네(解脫知見香).

■ 사진 - 중국 명나라 때 만든 백자향로에 침향을 사루고 있
는 사진. 향로의 위쪽에 16아라한을 모셨음

연차(蓮茶)

연차(蓮茶)를 보노라니
운(芸)이 생각 간절하다.
천지를 떠돌던
심복(沈復)의
가시지 않던 그리움이여.
그 더운 여름 날
연꽃 향기
머금은 차 달여 내던
그대의 향기
이백 년이 흐른 오늘
내 마음 속에 피어난다.

▣ 연차(蓮茶) 또는 연향차(蓮香茶)

1763년에 태어난 청대(靑代) 수필가인 심복이 사랑하는 아내 운(芸)이 41세의 나이로 타계하자, 23년간의 결혼생활을 회상하며 글을 썼다. 그것이 부생육기(浮生六記)이다. 심복은 이 글에서 여름날에 아내가 만들어주던 연차를 회상했다. 운이는 여름날 오후 연꽃이 잎을 오무릴 때 비단 주머니에 담은 차(茶)를 꽃봉오리 안(花心)에 넣어 두었다가, 다음 날 연꽃이 다시 활짝 피면 연꽃 향을 머금은 차를 가져와 남편 심복에게 달여 주곤 했다. 연차를 만드는 다른 방법이 있다. 연꽃은 대략 3~4일 정도 피었다가 잎이 떨어지는데, 이틀 정도 꽃을 감상하고는 늦은 오후에 꽃봉오리 안에 녹차를 가득 차게 넣고 끈으로 묶어둔다. 하루쯤 지난 뒤에 꽃을 따서 녹차를 달여 내는 방식으로 마시면 된다. 요즘엔 냉동고에 보관해서 일 년 내내 즐길 수 있다.

천진불(天眞佛)

소녀는 줍고 소년들은 달린다.
누구에게나 있었던 천진난만!
어른 되어 가꾸고 감춘다지만,
어찌 마음까지 천만 겹 가두랴.

■

누구나 본래는 부처입니다. 맑고 깨끗해 한 점 티끌이 없는 본성자리야말로 천진불입니다. 그 자리는 텅 비어 있으되 지혜와 자비가 나오는 자리입니다. 하지만 언제부터인가 바깥에서 온갖 것을 가져와서 포장함으로써 가려져 버렸고, 지혜와 자비도 쓸 수 없게 된 것입니다. 깨닫는다는 것은 바로 본래의 천진불을 되찾는 것을 뜻합니다.

자기 마음이라고?

만년설 쌓인 옥룡설산의

해발 4천 6백 미터 지점,

어떤 이들 헤어지지 말자

자물통 채운 뒤 내려가고,

어떤 이들은 해탈을 꿈꾸며

천근의 몸 추슬러 위로 향한다.

환경 따라 인간의 행복이

갈린다고들 주장도 하지만,

같은 곳에 서 있으면서도 전혀

다른 마음들을 누가 어떻게 하겠는가.

■

중국에 가면 관광지 고지대마다 쇠줄에 주렁주렁 매달린 자물통을 봅니다. 연인이나 부부가 자물통에 두 사람의 이름을 새기고, 굵은 쇠줄에 채운 뒤에 열쇠를 멀리 낭떠러지 아래로 던집니다. 헤어지려면 열쇠를 찾아서 열어야 한답니다. 그렇게만 된다면야 이 세상 헤어질 연인 한 쌍도 없겠습니다. 자물통으로 잠글 수 없는 마음을 얻으려면 어떻게 해야 할까요?

사사무애(事事無碍)

태풍이 휘몰아치는 거친 바닷가,

풀잎은 몸을 눕혀 바람을 보내고,

바위는 움쩍 않고 파도를 맞는다.

풀잎이 바위 따라하면 꺾일 것이요,

바위가 풀처럼 휘면 바위가 아니다.

풀은 유연하고 바위는 굳센 것이니,

어찌 부질없이 우열을 논하겠는가.

▣ 사사무애(事事無碍) − 존재와 존재, 현상과 현상이 서로
걸림이 없는 경지.

오체투지(五體投地)

온몸과 온 마음 던져

절하오며 임께 향함은,

남길 기록 위해서도

무엇 얻고자 함 아니외다.

그저 온몸 던질 때

받아주는 저 대지처럼 되고

설 때

앞길 제대로 보게 해주는

허공 같아져

자비롭고 지혜로운

본래 모습 찾고자 함이외다.

■ 사진 - 티벳 스님의 성지순례. 오체 투지로 목적지까지 간
다. 1990년대 라사에서 구입. 개화사 설법전 소장.

부처님

그 옛날
당신께서 왕궁을
떠나지 않으셨다면,
당신께서
깨달음의 자리만을
고집하셨더라면,
당신께서 손 내밀어
잡아주시지 않았더라면,
쓰러져 일어나지
못하는 이 많았을 것입니다.

■ 사진 - 인도 아잔타 석굴사원의 기둥에 있는 불화를 촬영.

선지식(善知識)

밤사이 눈 내려
산야가 흰빛이라,
어제 있던 길
사라지고 말았네.
스스로 결정해
길을 나서겠지만,
그릇된 자국 남기면
뒷사람 참 곤란하이.

■ 사진 - 지도자는 항상 자기의 길을 만들어갑니다. 그러나 때로는 그 길을 따르는 사람이 있을 수 있습니다. 그러니 항상 잘 살펴야 합니다.   ─정도스님 사진 ─

참마음(眞心)-알라딘의 램프

누구에게나 무진보배 방마다 가득한

마음이란 동굴 있소.

바깥에 있는 작은 방들의

빛나는 보석 만지지 마시구려.

그 순간 그대가 보석이 되어

다른 사람 구경거리 된다오.

가장 구석진 은밀한 방에

먼지 가득 쌓인 요술램프 찾아.

지극한 정성으로 닦노라면

신통방통한 지혜요정 나와서,

바로 그대를

세상에서 가장 멋진 주인공으로 대접한다오.

■ 사진 - 골동 도자기 기름 등잔

■

사람들은 잠시도 가만히 있지 않고 바깥으로 내달리고 있는 분별과 망상을 자기의 마음이라고 착각하고 있습니다. 그리고 그 분별과 망상이 옳다고 믿고 있습니다. 하지만 진짜 마음은 아주 깊은 곳에 비밀의 방에 있습니다. 마치 사용한 지 너무나 오래된 램프처럼 먼지에 덮인 채로 어둠 속에 있기도 합니다. 지금 당장 바깥에서 반짝이는 것들을 향해 내닫는 걸음을 멈추고 자기의 은밀한 방으로 돌아가 봐야 합니다. 그곳에 진짜 마음이 있기 때문입니다. 그 마음은 지혜라는 요정이 있어서 주인의 뜻을 다 이뤄줍니다. 바로 그때 자신이 세상의 중심에 서 있는 주인공임을 실감하게 될 것입니다.

진여의 가락

현 울리기 전
법계엔 이미 가락 그윽하고,
미소만으로
천지 만물 흥겨워 춤을 추노나.
마음과 마음으로
가락을 흥얼대며 즐겼다면,
굳이 현을 뜯으며
다시 입을 수고로이 하랴.

■ 사진 - 중국 당대의 주악보살상. 개화사 소장. 원본은 프랑스 파리에 있는 국립 기메 박물관(Musée Guimet)에 소장.

■

1990년 초 어느 스님이 중국 당나라 때 조성했다는 주악보살상(奏樂菩薩像)을 모시고 있는 것을 보고 너무나 좋았습니다. 프랑스의 박물관에서 만든 복제품이라는 것이었습니다. 그래서 인연 있는 이들이 프랑스를 간다고 하면 이 보살상을 구해보라고 했으나 구해 오질 못했습니다.

1990년대 중반 이미 고인이 되신 조관준 거사님과 둘이 프랑스로 갔습니다. 이 보살상을 구할 수 있을까 하여 루브르박물관에서 하루를 보내며 관계자들에게도 알아보았고, 혹시나 하여 박물관 주변의 골동품 판매하는 곳도 살펴보았으나 허탕이었습니다. 그래서 거의 포기한 상태로 미술관과 박물관들을 다녔습니다. 이틀 뒤 파리 에펠탑의 강 건너편에 있는 '국립기메동양박물관'에 갔습니다. 1층에서부터 아주 천천히 감상을 하며 2층에 이르렀을 때 나는 망부석처럼 서고 말았습니다. 좁은 쪽 벽면엔 바로 주악보살상만 걸어두었던 것입니다. 우리는 곧바로 관리실로 가서 복제품이 있는지를 알아보았습니다. 다행히 아주 오래 전에 복제한 보살상이 남아 있었습니다. 관리사는 30분이 걸려 보관실을 뒤져 찾아왔고, 우리는 그 보살상과 더불어 남은 여정을 소화했습니다.

둘 아닌 경지(不二法門)

그대는 동쪽 바라보고
나는 서쪽을 향하지만,
살짝 고개 돌리면
우린 서로를 잘 볼 수 있지.
살펴보면 그대와 나
본디 한 대궁 위에 있으니,
만약 그대 자리 사라지면
나 어디에 발 디딜거나.

■

몸 하나에 머리가 둘인 새가 있었답니다. 머리가 둘이다 보니
번갈아 쉬기도 하곤 했지요. 어느 날 1번 머리가 잠에서 깨어
보니 배 속에 맛있는 열매가 들어 있었더랍니다. 맛있는 열매
를 2번 머리 혼자 맛보았다고 생각하니 화가 났지요. 그래서
복수를 하기로 했답니다. 어느 날 2번 머리가 잠든 사이에 치
명적인 독이 든 열매를 본 1번 머리가 2번 머리를 죽이기로
결심했고, 결국 그 독 열매를 여러 알 따 먹었답니다. 그리고
… 그 다음 얘기는 저도 모릅니다.

소통

서쪽으로 또 서쪽으로

한없이 모래바람 헤치고 내달으면

타클라마칸사막의 오아시스도시 카스가 있네.

그곳

새롭게 변화하는 물결 속에서도

고이 옛 모습 간직한 곳 있다기에

땀을 계단 삼아 비탈길 올랐네.

카스 속

또 하나의 오아시스처럼

나그네를 부르는 대문 안 전설.

난 그 전설 찾으려 기웃거렸고

문 안의 사나이

낯선 객이 궁금해 고개 내밀었네.

잠시

어색한 탐색

빙긋 웃었더니 그도 하얀 이빨 보였었네.

◼ 사진 - 2010년 8월 실크로드 탐사 중 카스에서 촬영

61

해탈(解脫)

아주 긴 터널

어둠에 충분히 익숙해져

좁고 긴 외길이 편해질 때쯤

저만치

작은 빛이 보이고

이윽고

너무 눈부셔

아무 것도 보이지 않을 즈음

덜컥

브레이크 밟게 되는 그곳

절대로

멈추지 말지니

곧

모든 것이 분명해지리라.

■ 어둠 속에서 밝음을 보면 아무것도 보이지 않는다

■

사람들은 삶을 좁은 터널 같은 것으로 생각하는 듯합니다. 바로 앞만 비추는 지식이라는 헤드라이트 불빛에 의지하여 적당한 속도로 내닫고 있습니다. 그것에 익숙해져 있다 보니 이젠 넓고 멀리 보이는 세상을 생각지 않게 되었는지도 모릅니다. 어쩌다 가끔 경전을 통하거나 선지식을 통해서 터널 밖의 빛이 보일라치면 얼른 눈을 감거나 달리던 속도를 늦춰버리기도 합니다. 너무 생소해서 두려운지도 모르지요. 그러나 절대로 멈춰서는 안 됩니다. 처음엔 좀 놀랍겠지만 곧 모든 것이 환해져서 거칠 것 없는 세상을 대하게 될 테니까요.

파문(波紋-인과因果)

퐁당!
한없이 번져가는 물결
가고
또 돌아오고 뒤엉킨다.

툭,
한마디 던진 말이
화살 되어 날아
저 마음에 박히니
역발산이라도
그 화살 뽑지 못한다.

박힌 채로는

누굴 안을 수 없으니

스스로 그 화살 뽑고

힘껏 안아줄 수는 없을까?

사람아!

오래 서로 사랑하지 않았나.

길 없는 길

그에겐

지도가 없고

내비게이션도 없다.

잘 닦인 아스팔트도 없고

아늑하고 편안한 숲길도 없다.

길 안내자도 없고

먼저 간 자의 발자국도 없다.

그러나

그는 결코 망설이지 않는다.

그에겐

찰나의 혼란도 없다.

오직 하늘과 땅만 있을 뿐이다.

그런데

이상하게도

그가 지나간 자리엔 길이 남아

수많은 사람들이 그 길을 가고 있다.

◼ 모든 성현들을 생각합니다.

사랑과 믿음

두 연인이

서로의 이름 불러준다.

백년의 언약을 지워지지 말라고

쇳덩이에 또렷이 새긴다.

쇠말뚝에 박힌 굵은 쇠사슬

철컥 자물통 채우고

열쇠를 높이 들어

호수의 심연 속으로 휙 던져 넣는다.

잠시 끌어안고 입도 쪽쪽 맞추고

사랑한다며 마주 보고 웃는다.

연인들이여

무엇이 불안하여 그렇게 굳게 잠그는가.

열쇠를 버려야
그렇게 믿음이 확인되는 것이었나.

◼ 연인들은 자물통에 두 사람의 이름을 새깁니다. 쇠줄에 그 자물통을 걸어 잠그고는 열쇠를 호수 깊은 곳이나 천 길 낭떠러지에 버립니다. 열쇠를 찾아 자물통을 열기 전까지는 헤어지지 않는다고 믿고 싶은 것이지요. 그 심리 속에는 분명 헤어짐에 대한 불안감이 있는 것입니다. 이 불안감은 어디에서 온 것일까요.

취모검(吹毛劍)

풀무질 천 번

벌겋게 몸 달궈

망치질 만 번

자존감 부서져

물속에서의 오랜 신음

녹슬고 둔중했던 몸

기억 저편으로 사라지고

빛나는 칼날

오래 칼집 속에 쉬더니

어느 날

긴 호흡에

홀연히 모습 드러나

천년의 빛

온 천하에 밝게 뿌리네.

■

모든 사람들에게는 본래의 지혜가 있습니다. 다만 녹슬고 거친 무쇠 틀 속에 갇혀 있기에 보이질 않습니다. 그래서 무수한 풀무질과 그보다 더 많은 망치질의 과정을 거쳐야 비로소 그 보검이 제 모습을 드러내는 것입니다. 풀무질과 망치질을 할 수 있는 이를 선지식이라고 칭합니다. 물론 어떤 경우는 스스로가 그 풀무질과 망치질을 하기도 합니다.

취모검(吹毛劍) – 칼날에 가는 터럭을 불어 보내면 그대로 잘린다는 보검. 불교에서는 모든 번뇌를 잘라 내는 지혜를 이 취모검으로 비유하기도 함.

■ 사진 – 2012년 11월 23일 미얀마 인레호수 안의 대장간에
서 촬영.

차(茶) 마시게!

조주 노인네
처음 온 이에게나
오래 있던 이에게나,
똑같이 하시는 말씀
차 마시게!

이 말씀 한마디에
온갖 차별상 무너져 내리고
평등하고 한결같은
평상심(平常心) 오롯이 드러났네.

차 마시게!

그대

차 마시지 못했다면

남의 책 읽고 함부로

향과 색과 맛 시끄러이 떠들지 말게.

■ 끽다거(喫茶去-차 마시게!)

중국 당대(唐代)의 고승 조주종심선사(趙州從諗禪師, 778~897)께서는 80세에서부터 120세까지 조주의 관음원(觀音院)-현재 정주의 백림선사(柏林禪寺)-에서 후학을 지도하며 이름을 떨치신 분이십니다.

조주스님께는 수많은 후학들이 지도를 받기 위해 찾아왔습니다. 인사를 올릴 때마다 조주스님께서는 "여기 처음인가?"하고 질문을 하셨고, 찾아온 이들이 "처음입니다." "두 번째입니다." 등의 답을 하면 언제나 "차 마시게(喫茶去)!" 하고 말씀하셨습니다. 옆에서 늘 시중을 들던 원주(院

主—절 살림을 책임지는 소임)스님이 한번은 질문을 했습니다.

"큰스님, 어째서 처음 왔다는 사람이나 몇 번째 왔다는 사람이나 똑같이 차 마시라고 하십니까?"

"원주!" "네?" "차 마시게!"

조주스님께서는 차(茶)를 통해서 당신의 '평등하고 한결같은 마음'인 평상심(平常心)을 보여 주셨습니다. 또 한 가지 가르침이 있습니다. 차는 직접 마신 사람만이 그 향과 맛을 압니다. 수행도 마찬가지이고 깨달음은 더더구나 그렇지요. 바로 이것을 간단한 "차 마시게!"로 갈파하셨습니다.

유혹(誘惑)

동굴 속
스스로 빛을 내
곤충들 유혹하는
무시무시한
구슬 엮은 발 있지

그 빛이
너무나 고와서
날개 팔락이며
물불 안 가리고
다가가는 생명이여

아뿔싸

아무리 그 빛

아름답게 보여도

날개 찢어질 듯 아파도

앉지 마라, 죽음이다.

■

아주 깊은 어떤 동굴에는 끈끈이 액으로 다른 곤충을 잡아먹는 포식자가 있다고 합니다. 어둠 속에서 본능적으로 빛을 찾아가는 곤충들은 그 빛나는 구슬 같은 끈끈이 방울로 다가가 쉬려고 한다지요. 하지만 일단 발을 대는 순간 붙어버려서 죽음에 이르게 된답니다. 행여 앞이 잘 보이지 않는 상황에 놓여 있을 때 그저 노력 없이도 돈 벌 수 있다고 한다면, 빚 내어가며 덤벼들 일은 아닌 듯합니다. 공짜라는 끈끈이 구슬은 절대 가까이 해서는 안 되는 함정이기 때문이지요. 좁쌀 한 알도 공짜는 없답니다. 다만 늦고 빠를 뿐, 인과의 법칙에는 한 치의 오차도 없으니까요.

본래면목(本來面目)

앞모습 찍고
뒷모습 담고
왼쪽으로 돌려 찍고
오른쪽으로 살펴 담고
몸 낮추어 위로 찍고
드높이어 아래로 담고…

멋지구나,
그러나
그만 버리시게
그대 본 것 다 모으면
진짜 부처가 나타나겠는가.

■

본래면목(本來面目)-우리가 본래 갖추고 있는 참된 모습, 이것은 밖에서 얻은 그 어떤 것으로도 대신할 수가 없는 자리입니다. 우리는 익힌 지식이 진짜인 것처럼 착각합니다. 지식 즉 정보는 시간에 따라 끝없이 변하는 것이므로 불변의 진리가 아닙니다. 부처나 신에 대한 지식도 그저 그림자에 불과한 것이지만, 사람들은 그 지식을 많이 익히거나 쌓으면 자신이 마치 부처나 신을 본 것처럼 혹은 아는 것처럼 착각을 합니다. 모은 것 다 버리기 전에는 진짜를 만나기 어렵습니다.

▣ 사진은 원로작가 안장헌 선생의 작품 – 개화사 설법전 소장.

주인공(主人公)

짝할 이 없이
우뚝 솟아서

강물마다
달 꽂히듯 나투고

허공 가득
걸림 없이 나래 펴나

잡고 보면
티끌 하나 흔적 없어라.

■

주인공(主人公) : 일반적으로는 소설이나 연극, 영화 등의 예술작품에 등장하는 중심인물을 뜻하지만 불교에서는 참마음을 가리킵니다.

우리가 흔히 '마음'이라고 표현하는 것은 '인식작용'을 가리킵니다. 그리고 이 인식작용을 주도하는 '인식주체'가 있습니다. 그러나 이 두 가지는 여러 가지 인연으로 만들어진 것에 지나지 않습니다. 따라서 이 경우의 마음은 모든 사람이 제각기 다르며, 이심전심으로 통하는 것이 어렵습니다.

'참마음' 즉 주인공(主人公)은 인식주체와 인식작용의 너머에 있으며, 온갖 인연에 의해 물들지 않는 자리를 뜻합니다. 이 경지에 있으면 곧바로 통하는 이심전심(以心傳心)이 가능합니다.

견우(牽牛)와 직녀(織女)

견우가 직녀 그리나

고삐 놓칠세라 정신없고,

직녀가 견우 사랑하나

베틀 위 씨줄날줄 바쁘다.

고삐 놓고 강 건너려니

뱃사공 쪽배도 보이질 않고,

베틀 멈추고 임께 가려 하나

거친 물살이 용납을 않는다.

길조 까치 마음 내고

흉조 까마귀 함께 거들어

흑과 백 어울려 오작교 이루니

둘의 만남, 본 이 없고 소문만 무성하다.

견우는 소치는 남자입니다. 소는 마음을 상징합니다. 소도 처음엔 거칠어서 제멋대로 하려고 하지요. 그래서 코뚜레를 꿰어 고삐로 통제를 합니다. 마음도 그냥 두면 거칠고 제멋대로입니다. 그래서 교육을 하고 나아가 수행을 합니다. 소가 노련해지면 주인의 뜻을 알아서 곡물 밭에 들어가지 않습니다. 풀어 두어도 주인 곁에서 유유자적 지냅니다. 마음도 수행이 되면 유유자적해집니다.

직녀는 베를 짜는 여자입니다. 베는 씨줄과 날줄로 짜는데, 시간과 공간 속에서 벌어지는 삶의 현

장을 상징합니다. 베를 짤 때는 다른 것에 눈을 줄 수 없듯이, 치열한 삶의 현장에서는 여유가 없는 듯이 보입니다. 그래서 결국 눈앞의 삶에 집착을 합니다. 그러나 집착하지 않는다고 삶이 멈추는 것은 절대 아닙니다.

우리 인생은 마음 따로 현실적인 삶 따로 가는 경우가 많습니다. 이는 마치 큰 강을 사이에 두고 바라보는 견우직녀와도 같습니다. 거기에는 튼튼한 다리 따위는 없습니다. 이 둘이 만나려면 오작교가 필요합니다. 까마귀는 검은 흉조(凶鳥)이고 까치는 흰 길조(吉鳥)라고 사람들이 정했습니다. 이처럼 인위적으로 정해진 대립적인 가치관들이 많습니다. 이 때문에 마음과 삶은 멀리 강을 사이에 두고 있습니다. 그러므로 이 두 가치성이 조화를 이룰 때만 진정한 사랑도 행복도 가능해집니다.

마음도 쉬고 삶에 대한 집착도 멈추고, 옳으니 그르니 손해니 이익이니 따지지 말고 다 품어 보십시오. 어느덧 견우직녀 만나듯 행복해질 것입니다. 하지만 견우직녀의 만남을 아무도 보지 못했듯이, 남들이 자신의 행복을 볼 수 있는 건 아닙니다. 자유와 행복은 오직 누리는 사람의 몫이기 때문입니다. 자기가 보지 못했다고 자유와 행복 따위는 없다고 속단하지 마십시오. 없는 것이 아니라 보지 못하고 누리지 못할 뿐입니다.

▣ 사진은 티베트 밀교의 합체불(合體佛) 또는 환희불(歡喜佛)이라는 400년 된 불화입니다. 흑백가치관으로 나눠지기 전 본연의 모습이며, 중도적이고 초월적인 경지를 상징하고 있습니다. 이십수 년 전 북경대학 박사과정에 있던 이를 도와주었는데, 그가 감사의 뜻으로 구해온 것입니다.

무너진 탑

공든 탑 무너지랴
믿고 싶겠지만,
모양 있는 것치고
영원한 건 없더라.
깨어지고 무너지면
허겁지겁 모으지만,
남은 것 다시 모으면
그게 탑일까 아님 돌일까.

■ 유적지에서 찍은 정도스님 사진

■

우리 삶에서 혹시 이런 일은 없을까요. 허겁지겁 서둘다가 망가뜨린 후 수습한다고 야단이지만 본래대로 돌아가는 건 불가능하겠지요. 그러니 심사숙고하는 것이 최선의 방책일 듯합니다.

무애자재(無碍自在)

허위허위
가파른 산 오를 땐
그저 눈앞만 보일 뿐
위의 풍광 보이질 않는다네.

길가의 이정표
부지런히 살피고
내려오는 이에게 묻기도 하며
오르는 길 어긋나지 않게 하게나.

이윽고 정상에 서면

비로소 위아래와 사방

남김없이 다 보이나니

그때에 비로소 자유롭게 된다네.

이미 둘러봤다면

지체 없이 하산하게.

그대가 애써 벗어나려 했던

먼지 속이 바로 그대가 노닐 자리라네.

■

사람들은 목표를 정하고 치열하게 나아갈 땐 바로 앞만 보게 됩니다. 자기 앞에 무엇이 있는지 또 무슨 일이 벌어질지 생각할 여유가 없는 것이지요. 그러다가 어느 순간 자기가 목표로 한 곳이 아니라 엉뚱한 곳에 와 있음을 뒤늦게 알아차리기도 합니다.

마음공부도 마찬가지입니다. 분명 자유와 행복을 위해 시작한 길인데, 남들이 쓰다버린 것들을 잔뜩 끌어안고 자랑스러워하는가 하면, 지위나 명예를 탐해 완전히 엉뚱한 곳에 가 있기도 합니다.

▣ 사진은 중국 오대(五臺−우타이)산의 중대(中臺) 2,936m에서 내려다본, 오르는 길과 산 아래의 풍광입니다.

경계심

타클라마칸
오아시스도시 카스
이리 구불 저리 구불
미로처럼 헷갈리는
골목과 골목

첫 번째
남자와의 만남
그 이후
자신감 제법 붙어
씩 웃으면
누구나 소통될 줄 알았지.

고즈넉한 골목

대문을 열고 보는 여인

미소를 보이자

경계하는 눈빛으로

낯선 나그네를 노려본다.

■ 사진 - 2010년 8월 실크로드 탐사 중 카스의 세계문화유
산 지정 마을에서 촬영

■

　마음과 마음이 거침없이 통하는 것을 이심전심
(以心傳心)이라고 한다. 아주 쉬울 것 같지만 참
어렵다. 만약 깨끗한 그릇에 담겼던 약수를 깨끗
한 빈 그릇에 옮긴다면 아주 간단하다. 하지만 사
람의 마음은 너무나 많은 것으로 가득찬 그릇과

같다. 내가 투명한 물을 주어도 상대의 그릇에 푸른 물감이 들어 있었다면, 내가 준 물은 푸른 물이 되고 만다. 내가 기쁜 마음으로 미소를 지었다고 해서 상대가 처음부터 다 미소로 응답하는 것은 아니다.

해탈(解脫)

죽었다고 하나
찰나의 꿈이고
살았다고 하나
한바탕 놀이이니,
생과 사를
동시에 넘어서면
그 자리가
본래의
참 고향이네!

■ 사진 - 개화사 앞길 비 온 날의 가로연등

이른 봄 즐기기

구중구포 녹차
정성껏 달여
솔향기 그윽한
고운 무늬 탁자 위에
올리고
매화 몇 송이
찻잔에 띄우니,

솔향기에 앉아
매화향기 품고
녹차향을 머금는다.

■ 사진 - 소나무 탁자 위에 구증구포 녹차를 달인 찻잔 올리
고 매화 다섯 송이를 띄웠다.

설날 차례

산 자와 죽은 이의 영혼이
모처럼 만나는 자리.
슬픔이 강물처럼 흐르고
그리움이 노을처럼 짙어져
가슴이 먹먹해지고 마는….

허나
모든 것 내려놓고
바람처럼 자유롭길
허공처럼 적멸하길 염원하는
감사와 보은의 아름다운 만남.

■ 사진 - 설날 차례를 위해 위패를 모신 개화사 무량수전의
영단.

네팔 희생자 영전에

밤새워 추적거리던 비를

맞고 다녔다고

죽은 이의 아픔이 가시랴.

새벽 지나 낮까지

뜰을 적시는 것이야

무슨 뜻이 있으랴만

바라보는 마음엔

방울방울 눈물 맺힌다.

내 기도가

남은 자의 슬픔을 거두기야 하랴만

빈 법당 가득히 염불소리 채울 밖에.

■ 사진 – 개화사 뜰에서 밤새워 온몸으로 비를 맞은 흰 철쭉
을 네팔 희생자들 영전에 바친다.

초하루 밤에

초하루 밤에는

바람도 숨소리를 삼키고

달도 발자국 흔적을 감춘다.

나는

홀로 앉아

다관으로 바람 숨소리 듣고

차 한 잔으로 푸른 달을 만난다.

116

■ 사진 - 여린 잎으로 만든 고정탕(苦丁湯). 흔히 고정차(苦丁茶)라고 하는 것..

밤 법당 풍경

신도들이 돌아간

빈 법당

가부좌 풀고 성큼

부처님 보살님 나한님들 내려오시어

기지개도 켜고

뒷짐 지고 이리저리 서성이다

문득

마당에 인기척

얼른 올라가 다시 정좌하고

찬란히 금빛으로 나투신다.

■ 사진 - 삼경 무렵의 개화사 무량수전 분위기.

기도

지극하게 기도하지 않음을
뉘우칠지언정
끝까지 기도하지 못할까
걱정할 것 없고,
몸과 마음 다 던지지 못함을
부끄러워할지언정
발원한 것 이루지 못할까를
걱정할 것 없다네.

■ 사진 - 지극한 마음으로 몸과 마음 다해 예참을 하는 개화
사 불자들.

집착

어느 하나에만
지나치게
집착하게 되면
아무리 중요한 것이
주변에 있어도
잘 보이지 않는다.

■ 사진 - 법상(法床)의 꽃꽂이에 가까이 다가가 초점을 맞추
니 뒤의 불단(佛壇)이 흐려졌다.

디지털(digital)

새로 바뀐 전화기를 무심히 작동시키던
어느 찰나
계획치 않은 한 번의 터치로 전화번호가
다 지워졌다.
수행에 열중하는 그때에도 의도하지 않은
무심에서
홀연히 온갖 번다한 이러저러한 관념들이
사라졌다.
그로부터 오직 새롭게 비춰지는 것들만
밝고 영롱하다.

▣ 사진 - 이전의 전화기가 문제를 일으켜서 얼마 전에 바꾼 새 전화기. 이제 전화기의 연락처에는 새로 입력한 것만 뜰 것이다.

충전하기

어떤 이들은
육신의 휴식을 통하여
충전을 하고
어떤 이들은
영혼의 먼지를 털어내며
충전을 한다.

■ 사진 - 직장 다니는 개화사 불자들이 늦은 밤에 무량수전
에서 예참하는 모습을 열린 문을 통해 마당에서 촬영한 것.

분별과 무분별

해질 무렵 일주문에

포행(布行)을 나서는데

지나가던 이들이

가을하늘 같다며

구름을 가리킨다.

하늘과 구름에 무슨

계절이라는 생각 있으랴만

사람들은 배우고 익힌 대로

분별하고 따지기를 좋아한다.

■ 포행(布行) - 삼매를 유지하며 천천히 걷는 것. 행선(行禪)이라고도 함.

■ 사진 - 해질 무렵 개화사에서 본 서쪽 하늘.

무소유

(無所有-영원하게 존재하는 것이 없음)

바깥의 모든 존재도

자신의 감정과 인식도

그 모두가

잠시 나타났다가 사라지는 것들.

그러니 갖겠다는 생각은

괴로움의 창고일 뿐.

가질 수도 없는 것을

갖지 않으려 노력하는 것은

원숭이가 호수에 비친 달을

잡으려고 애쓰는 격.

131

■

불교에서 유(有)는 존재를 뜻하고, 소유(所有)는 존재하는 것이라는 뜻이다. 그러니 무소유(無所有)는 영원하게 존재하는 것이 없다는 말이다. 모든 것들은 스쳐 지나가는 것들이다. 모든 것들은 무한히 변하면서 있는 것처럼 보일 뿐이다. 그럼에도 그런 것들을 영원히 소유하려고 하니 괴로움이 생긴다.

오직 존재에 대한 집착과 자기 인식의 한계를 완

전히 넘어설 때 비로소 깨달음에 이르는 것이다. 한 번 툭 터지면 그 무엇도 자신을 어쩌지 못한다.

▣ 사진 – 다비장 가는 길 : 나의 몸과 감정과 인식 등도 변하고 소멸하는 것이다. 그럼 나의 주인공은 어디에 있는가? 팔만대장경을 펼쳐도 답이 없으니 헛고생하지 말고 스스로 참구(參究)할 것. 참고로 아무것도 없다는 단멸상(斷滅相)은 초보자가 자기 생각의 함정에 빠진 관념이다.

수희공덕(隨喜功德)

그대 좋은 일 생겼다니
내 마음 기쁨으로 가득하고,
그대 소원 성취했다 하니
환희로 내 마음 충만하구려!

■ 불교에 수희공덕(隨喜功德)이라는 말이 있다. 다른 사람의 성공이나 사랑이나 기쁨 등을 마치 나에게 좋은 일이 생긴 것처럼 기뻐하고 축하해주면, 그것만으로도 나의 미래를 긍정적이고 발전적으로 바꿀 수 있는 힘이 생긴다는 말이다. 단지 남의 일을 축하해주고 기뻐해 주는 것만으로도 성공의 길이 열리는 셈이다..

■ 사진 - 절친(切親)한 신부님들과 얘기를 하다가 서로 축하
의 말을 나누며 웃는 장면.

수미산 찾기

세계의 중심이라는

수미산(須彌山, Sumeru).

모든 종교의 성산(聖山)이라는

카일라스(Kailash).

어떤 이는 수미산 찾아

티베트의 카일라스로 향하고,

어떤 이는 앉은 자리에서

모양 없는 수미산을 본다.

■ 사진 - 모든 종교의 시원(始原)의 장소라고 하여 전 세계 종교인들이 성지순례를 하는 티베트 서쪽의 카일 라스 산이 만년설에 덮여 있다.

137

마음의 강

자신의 처지와

세상을 탓할

시간이

있다면

마음속에

지혜와 자비의 강이

흐르게 하자.

.

◾ 사진 - 해발고도 3천 5백 미터가 넘는 삭막한 라다크에도
강이 있으면 초원이 형성되고 마을이 만들어졌다.

신통묘용(神通妙用)

어떤 이가 많은 사람들 앞에서

노스님을 놀려주고 싶었다.

"스님! 도인은 신통도 부린다던데,

한번 보여 주시지요."

"저기 샘물 한 바가지만 가져다 주시구려.

그럼 보여드리리다."

그가 물을 떠다 올렸더니,

물을 마신 노스님이 웃고만 있는 것이었다.

"스님 신통을 보여 주셔야지요!"

"지금 보여 주었잖소.

가만히 서서 샘물을 옮겨 마시지 않았소."

.

▣ 사진 - 툭 터진 뒤에는 밥 먹고 차 마시는 그 모든 것이 신통묘용(神通妙用)이다.

화두타파(話頭打破)

찰나로 생겼다 사라지는
현상문제 푸는 것을
화두타파(話頭打破)라 하지 말라.
마음에 겹겹이 장벽이 된
무서운 관념의 벽을 무너뜨리고
해탈하는 것이니….
.

■ 사진 - 한산당(寒山堂) 화엄(華嚴)대선사의 달마도.

고함 한 번에 천지가 흔들리고(一喝天地震動)

몽둥이질 한 번에 수미산이 부서진다(一棒須彌粉碎).

관조(觀照)와 집착(執着)

만일 내 것과 남의 것이라는

집착을 떠날 수 있다면

농부도 가을 들녘에서 사진을 보듯

평화로울 것이다.

그러나 내 땅과 남의 땅, 풍작과 흉작을

따지는 순간

농부는 곧바로 희비의 감정 속으로

떨어져 버릴 것이다.

어떤 곳에서도 관조(觀照)하며

즐겁게 사는 사람은 있다.

.

145

고요함

복잡한 관광지의 인파 속을 걸으며
자신을 지키려 앞만 보고 걷는 사람과,
그곳의 모든 것을 두루 다 살피면서
아름다운 광경을 사진기에 담는 사람.
과연 누가 더 고요한 사람일까요?
.

■ 사진 – 거리에서 음악을 연주하는 악사들 – 오스트리아 빈

수저는 맛을 모른다

수저는 늘 음식과 만나지만
맛을 모른다.
굳게 자기 것 지키려는
마음 닫힌 사람도
언제나 행복과 만나고 있지만
행복을 모른다.

.

■ 사진 – 인도 영취산 석가모니께서 머무시던 여래향실(如來香室)을 지키는 힌두교도 관리인. 그는 항상 이곳에 있으나 오직 순례자가 올리는 보시(布施)에만 신경을 쓸 뿐 부처님의 가르침은 모른다. 〈영취산 성지는 아랫마을의 수입원으로 되어 있기에 관리를 회교도인 마을 사람이 한다는 설명을 들었다.〉

상의상관(相依相關)

나무는 제 몸을 내어 주어
덩굴이 높게 오르게 하고,
덩굴은 제 몸을 붉게 물들여
나무를 아름답게 꾸며준다.

.

■ 사진 - 서로 의지하고 포용하며 연기의 법을 보이는 정토가 펼쳐져 있다 – 개화사 무량수전 처마 너머 .

마음 살피기

밥상의 물그릇이 가끔
빈 상태로 들어온다.
생수가 담겼다고 생각했기
때문일 것이다.
맑은 생수도 담겼는지 비었는지
헷갈리는데,
모양도 색깔도 없는 마음이야
말해 무엇하리.

연기(緣起)
– 서로 의지하여 생기고 소멸함

그대 지금 거기 있음에

나 또한 여기 있고,

내 지금 여기 있음에

그대 또한 거기 있네!

■ 사진 - 모든 것이 서로 의존하며 존재함을 보여 주는 그림. 개화사 주지채 뒷벽에 걸린 향곡(香谷) 김영선 거사 작품. – 야간 촬영.

착각 또는 왜곡

자기 내면의 관념을

지나치게 믿거나

바깥에서 얻은 지식에

너무 의지하면

이중 유리창에 비친 영상처럼

왜곡되기 쉽다.

■ 사진 - 마당에서 작업을 하다가 이중 유리창에 비친 내 모습을 촬영한 것. 카메라 초점은 정확하게 맞았지만 투명한 유리 두 겹에 비친 그림자는 흐리다.

어디가 중심일까

집무실 입구 중앙에
슬리퍼를 벗어 두었더니
사람들이 내 슬리퍼를 밟고
자기 신을 신었다.
내 슬리퍼를 가운데로부터
멀리 벗어 두었더니
슬리퍼를 밟지 않고
곧바로 자기 신을 신었다.

■

남이 원하는 자리를 비워 두면 공격당할 일이 별로 없다. 지혜로운 사람은 자리에 개의치 않고 할 일을 한다.

■ 사진 - 중국 광동성 광저우(廣州)시에 있는 육용사(六榕寺) 육조전(六祖殿)에 모셔져 있는 혜능선사상(慧能禪師像). 변방에 불과했던 광동성에서 태어나 그곳에서 활동했던 혜능선사는 훗날 중국불교의 가장 위대한 스승이 되었다.

주인공과 주연과 조연

영화나 드라마에서 주연(主演)은 주인공(主人公)의 연기를 하는 사람일 뿐 주인공은 아니다. 자신의 삶이라는 드라마에서는 자기가 무슨 역할을 하건 주인공(主人公)이다. 그러므로 다른 사람들의 삶에서는 주연이 되려고 하지 말고 기꺼이 조연이 되어 주어야 한다. 그래야 서로가 주인공으로 살 수 있기 때문이다. 타인의 삶에서 주연을 하려는 사람은 대개 자신의 삶에서도 주인공이 되지 못한다. 바깥일에 끌려다니기 때문이다.

■ 사진 - 대중다회에서 차를 달이는 배역은 내가 주연이지만, 차를 대접받는 입장에서는 내가 조연이다. 그러나 차를 마시는 배역에서는 모두가 주연이다. 이렇게 주연도 조연도 자유자재로 즐길 수 있어야 행복해진다.

잠시 머물다 사라지는 것

무릇 모양이 있는 것은

어떤 것이건

잠시 그렇게 있는 것처럼

보일 뿐이다.

▣ 사진 - 비 온 뒤 보리수 잎에 맺힌 물방울들. ― 개화사 주지 집무실 앞.

기도와 가피

물이 있으면
해와 달이 비치듯
기도하는 마음도
또한 그러하다.

■사진 - 인도성지순례를 할 때 달리는 버스 안에서 일몰을
촬영한 것.

미륵(彌勒, Maitreya)

미륵은 우리가 구원을 기다리는

부처가 아니라

우리가 수행하여 이루어야 할

미래의 부처이다.

■

미륵(彌勒, Maitreya)은 석가모니부처님의 뒤를 이어서 중생을 깨닫게 할 미래의 부처님으로 정의되어 있습니다. 지금은 도솔천에서 이 세상으로 오실 날을 기다리고 있다고 하지요. 과거의 미륵은 고타마 싯다르타였습니다. 미륵반가사유상은 싯다르타 태자가 숲의 나무 그루터기에 걸터앉아 사유하던 모습입니다. 파키스탄 박물관에는 태자사유상으로 불리는 미륵반가사유상과 같은 조각품이 분명 있습니다.

그럼 미래의 미륵은 누구일까요? 지금 우리 모두가 해당됩니다. 단 목숨을 걸고 수행을 하여 완벽한 깨달음에 이르러야 하겠지요. 도전해 보시기 바랍니다.

■사진 - 왼쪽 사진은 국보 78호인 삼국시대 미륵반가사유상
이고, 오른쪽은 국보 83호 7세기 전반의 신라 미륵반가사유
상이다. 국립중앙박물관에 소장되어 있다. 국립중앙박물관에
서 기획전시하고 있는 〈불상, 간다라에서 서라벌까지〉에서
촬영.

경지

저 히말라야 영봉도 멀리서 건너다 보면
그저 눈 쌓인 높은 산의 겨울 모습 같다.
누군가가 목숨 걸고 성취한 경지라 해도
도전하기 전엔 별것 아닌 듯 보일 수 있다.

■ 사진 - 2010년 10월 22일 06시 20분경, 해발 2190m인 네
팔의 나가르콧(Nagarkot)에서 망원렌즈로 촬영한 히말라야.
얼핏 보면 좀 높은 우리나라 겨울 산 모습 같다.

초의 꽃

초 심지가 타면서 뭉치면
초의 꽃이 피었다고 한다.
기도하던 이는 소원이 이뤄질 것이라고
기뻐하고,
스님들은 별 생각 없이
조용히 그것을 제거한다.
소원이 이뤄질 것이라는 생각은
미래에 대해 긍정적이니 좋고,
초의 꽃을 제거하는 것은
초의 본래 밝음을 회복시키니 좋다.
어느 것이 더 나을지는
각자의 생각에 맡겨 두기로 한다.

■ 사진 - 밀랍양초에 흔히 말하는 초의 꽃이 핀 상태를 촬영
한 것.

단풍

곱게 물든 단풍, 그것은
열정적으로 살아왔다는
참으로 아름다운 징표이다.

■ 사진 - 노랗게 물든 개화사 앞 은행나무

172

173

가을비

개화사에
가을비가 내립니다.
멈추게 하고 싶거나
말리고 싶거나
가을은 가고
겨울은 올 것입니다.
그리고 이윽고
다시 봄이 되겠지요.

■ 사진 - 가을비가 내리는
개화사 도량의 야경.

174

공양 올리는 마음

성현 전에 좋은 향을 올리면
자신이 그 향기 속에 있게 되고,
대중에게 향기로운 차를 대접하면
자신이 그 차와 함께하게 된다.

■ 사진 - 개화사 주지채(住持寨) 불단(佛壇)

가을의 뒷모습

떠나며 거친 모습을
남기는 경우가 있고,
아름다운 모습만을
보여주는 경우가 있다.
보내며 좋지 못한 것만
기억하는 이가 있고,
아름다운 모습들만을
가슴에 담는 이도 있다.

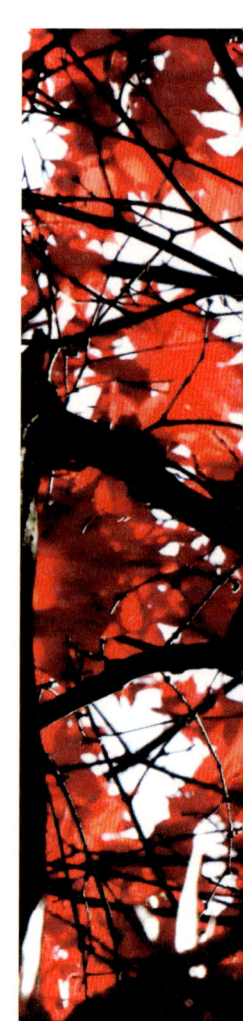

■ 사진 - 앞뜰에 마지막 모습을 아름답게
보여주는 단풍나무.

178

179

껐다 켜기

스마트폰이 자꾸만 버벅거리면
전원을 껐다가 다시 켜면 된다.
눈앞의 현상 때문에 혼란스러우면
눈을 감고 내면을 보면 된다.
꺼진 먹통을 원한 것이 아니듯,
눈 감은 어둠을 원함이 아니다.
버벅거리던 현상 지우듯,
인식의 혼란 놓고
직관하라는 것이니.

■ 사진 - 어지러운 생각을 놓고 내면을 살펴 고요함으로 들어간 모습.

동지팥죽

쌀알과 팥알 낱낱의 모양과

그 굳센 성질 버리고

새알이 되고 팥물이 되어

새로운 팥죽이 되듯이

쌀알 같은 이기심과 팥알 같은 아만심

놓아버리고

새알 같은 신심과 장작불 같은 열정으로

정진하여

새로운 모습으로 완전히

탈바꿈할 줄 아는 사람

그를 일러 세상에서

가장 멋진 사람이라고 하리.

■ 사진 - (1) 새알 울력(운력)에 동참한 이들의 신발. (2) 팥죽에 넣을 새알 비비는 울력(운력)에 동참한 대중 가운데 일부. (3) 새알 비비기 중간쯤 쌓인 새알들. (4) 이른 아침부터 이웃에게 돌릴 팥죽을 쑤고 있는 불자들.

자각(自覺)하기

함께 있으면서도 알지 못하고
눈앞에 있는데도 보지 못한다.
그러기에 늘 괴로움 생기나니
바로 알고 바로 보면 적멸이다.

■ 사진 - 선정(禪定)에 드신 석가모니불. 목조(木造) 좌대
(座臺)에 금동좌불(金銅坐佛).

인과와 공덕

물이 가득 든 물병의 주둥이를 물에 넣고 거꾸로 세우면 병 안의 물이 쏟아지지 않는다. 공기가 병 안으로 들어가지 않기 때문이다. 물이 나갈 만큼 공기가 들어가야 물은 쏟아진다.

그러니 얻고 싶은 것이 있다면 베풀어야 한다. 이것이 인과의 원리이다.

그러나 그냥 베풀면 공덕이 된다.

■ 사진 - (1) 개화사 소리향차법회에서 차를 통한 수행 설명.
(2) 개화사 사부대중이 함께하는 소리향차법회.

불법(佛法)과 알음알이(知識)

부처님 말씀을 지극한 마음으로 듣고
자기성찰에 매진하면 불법(佛法)이 되고
부처님 말씀 많이 알고 있음을 자랑하며
자기 허물 못 보면 알음알이(知識)이다.

■ 사진 - 예참(禮懺)은 성현께 존경을 표하면서 자기의 아만
(我慢)을 내려놓는 하심(下心)의 수행이다.

189

무릇 모양 있는 것은

추위와 습기가 유리창에 성에를 만들었다.
날이 풀리면 곧 흔적 없이 사라질 것이다.
무릇 모양 있는 것은 모두 다 그런 것이다.

■ 사진 - 개화사 설법전 들어가는 입구 유리창에 생긴 성에.

설함 없음(無說)

무설전(無說殿)이라는 현판(懸板)이 걸린 사찰의 전각이 있다. 부처님의 가르침을 설하는 설법전(說法殿)이다. '무설(無說)'이란 '설함이 없다'는 뜻이다. 역설적인 현판은 설법의 궁극(窮極)을 뜻한다고 볼 수 있다. 깨달음은 언어로 표현할 수 없다. 또한 깨달음을 언어로 전해주는 것이 불가능하다. 스스로 그 경지에 이르는 것이 유일한 길이다. 설법은 바로 그 길을 어떻게 나아갈 것인지를 설명하고 있을 뿐이다. 단 설명은 정확해야 된다. 정확하지 않으면 사이비(似而非)다. 비슷해 보이지만 진짜는 아니다.

■ 사진 - 부처님의 가르침을 설하는 설법전(說法殿)의 현판이 역설적인 불국사 무설전(無說殿).

길(道)

길은 어디에나 있지만
막히면 아주 답답하고
뚫리면 매우 시원하다.
도(道)도 또한 그러하다

■ 사진 - 중국 오대산(五台山) 중대(中台) 해발 2,893m에서
본 풍광

195

달과 마음

달 본디 둥글지만

그림자 따라 커졌다 작아졌다,

마음 본디 원만하나

번뇌 따라 맑다가 흐리다가.

겉모양을 따르면

보름달 반달 초승달 그믐달,

번뇌에 따라

기뻤다가 노했다가 웃다가 울다가.

■ 사진 - 우리 마음 본디 이러하거니 – 관세음보살님

197

눈 그친 뒤

낮에 내리던 눈 그친 지 오래되어
구름도 사라지고 하늘 개어 맑은데
나뭇가지의 눈은 흔적을 못 지웠네.
우리의 삶의 궤적도 또한 그러하여
마음에서 지우고 이미 사라졌어도
행한 결과는 오래 흔적을 보인다네.

■ 사진 - 눈 그친 밤하늘은 맑기만 한데, 나뭇가지 앉은 눈은
낮 얘기를 하고 있다. – 2월 28일 21시 개화사.

마음공부 하는 법

어두운 밤 낯선 길을 가다가 등불 든 미운 사람을 만났을 때 그가 밉다는 이유만으로 불빛의 도움을 받지 않는다면, 구덩이에 빠지거나 넘어져서 크게 다칠 수 있다.

마음공부 하는 사람은 혹여 지도자가 자기 마음에 들지 않더라도 그의 가르침에 집중해야 한다. 좋고 싫은 감정에 떨어지는 순간 자신만 손해를 본다. 자신의 뒤틀린 감정 때문에 황금 같은 기회를 놓치는 이들을 참 많이 보았다.

■ 사진 - 한산(寒山)과 습득(拾得)의 주고받는 말이나 행위
는 마치 모자라는 사람처럼 보였다. 하지만 그들은 최고의 도
인이었다. - 한산당 화엄(寒山堂 華嚴)대선사의 한산습득도
(寒山拾得圖)인 연화재수(蓮花在水). 1992년 작품.

삼매

춘곤중 내려앉는 선원 담 밖

개나리도 무자화두 삼매에 들었다.

■ 무자화두(無字話頭)

어떤 스님이 조주선사께 "개에게도 불성(佛性-부처성품)이 있습니까?"하고 여쭈었더니, 조주선사께서 "무(無-없다)!"라고 답하셨습니다. 『열반경』에서 '모든 중생에게는 다 부처의 성품이 있다(一切衆生悉有佛性)'고 하셨는데, 왜 조주선사께서는 "무(無-없다)!"라고 하셨는가? 하는 것이 무자화두입니다. 이 무자화두를 들 때 조주선사께서 없다고 한 그 마음과 계합해야 이 화두를 타파하는 것이지, "없다"를 사전적 또는 이론적으로 분석하고 있으면 이미 잘못되는 것입니다. 어떤 이는 아무 생각 없이 "무(無)"에만 집중해서 '무'만 생각하라고 하는데, 그렇다면 굳이 무자화두를 들 필요가 없을 것입니다.

■ 사진 - 개화사 선원 담 밖 개나리가 삼매에 들어 있다.

독경(讀經)

지혜로운 이는

경전 없이도 독경을 합니다.

때로는 호미로,

때로는 빗자루로,

때로는 망치로

땀 흘리며 온몸과 마음을 다해

삼매에 듭니다.

그이의 손끝에서는

천수관음의 향기가 솟고

그의 눈과 입에서는

부처님의 미소가 피어납니다.

■ 사진 – 개화사 독경 가운데 하나. 이렇게 독경하는 이들도 있습니다.

그릇, 몸, 마음

아끼는 그릇에

오물을 담는 사람은 없을 것이다.

자기 마음을 아끼는 사람은

남의 더러움을 담지 않는다.

남의 더러움을 말하면서

자신의 깨끗함을 강조하더라도

더러움을 말하는 순간

자기 입에서 악취가 진동하는 법이니,

계속 악취를 풍긴다면

사람과 복이 모두 곁을 떠나고 말 것이다.

■ 사진 - 오래전에 선물로 받은 조선시대의 다담상(茶談床)
과 대접

불 밝힌 방

세상 어둠에 잠긴
삼경 불 밝힌 방
사연이 궁금해
라일락꽃 기웃기웃.
무명에 깊게 잠긴
세상이라 해도
그림자 없는 꽃
피우는 사람 있어
반야의 불 밝은
적멸의 방에 이르리.

■ 사진 - 깊은 밤 꺼지지 않는 창가에 라일락꽃이 향기 더불
어 기웃거린다.

꽃이 아니라도

아름다운 꽃이 되면 좋겠지요.

그러나 꽃보다 더 아름다운

꽃보다 훨씬 오래가는 잎도 좋지요.

비록 잎보다 거칠고 무뚝뚝하지만

강하고 믿음직한 가지도 있답니다.

◨ 사진 - 야간 가로등 아래 나뭇가지와 잎을 600mm 망원렌
즈로 당겨서 촬영

기도(祈禱)

힘겨운 길에 서 있다면 발돋움하고
목을 빼어 보소서.
욕심 가득한 마음으로 부질없이
매달리지 마시구려.
혹여 부득이해서 무릎 꿇고 손 모아
기도하시려거든
목숨 바치고 마음 다하소서.
이루어질 수 있을 것이외다.

■ 사진 - 빛을 향해 목을 빼는 나무

퇴수기(退水器)

차를 다 마신 후 찻잎을 버리거나
혹은 다기 씻은 물 버리는 퇴수기
늘 비워져 있어야 제 역할을 하듯
우리의 마음도 깨끗이 비워 두어야
그 누군가의 퇴수기가 될 수 있네.

■ 사진 - 다실에서 퇴수기로 쓰고 있는, 도반이 선물로 준 그 릇. 1300도에서 구워진 것으로, 가만히 들여다보면 별이 가득 한 무한한 우주 같다.

퇴수기(退水器) 2

늘 찌꺼기나 구정물을 받아내지만
가장 깨끗한 상태로 유지되는 퇴수기
그것은 바로바로 비워버리기 때문.
만약 비우는 것을 게을리한다면
찌꺼기 상해 때 끼고 악취 풍기리.

■ 사진 - 전통옹기방식으로 구운 골동 퇴수기 – 내게 왔을
때는 찌든 때로 인해 메마른 논의 흙빛 같았으나 때를 벗긴
후에는 황금빛을 머금은 옥토 같은 색을 드러내었다. 단순함
을 피하려고 약간 멋을 부렸다. 지름 22.5cm.

굴절 또는 착각

사람들이 자기를 지나치게 멋있게 보거나
자기 눈에 지나치게 화려한 것이 보인다면
굴절된 것이거나 착각일 수도 있을 것이다.
자기 눈을 가린 것이 비록 다이아몬드라도
옆으로 치우고
진실을 똑바로 마주함이 좋다.

◼ 사진 - 밀랍촛불 앞에 많은 각도로 깎은 수정을 가리고 본
것.

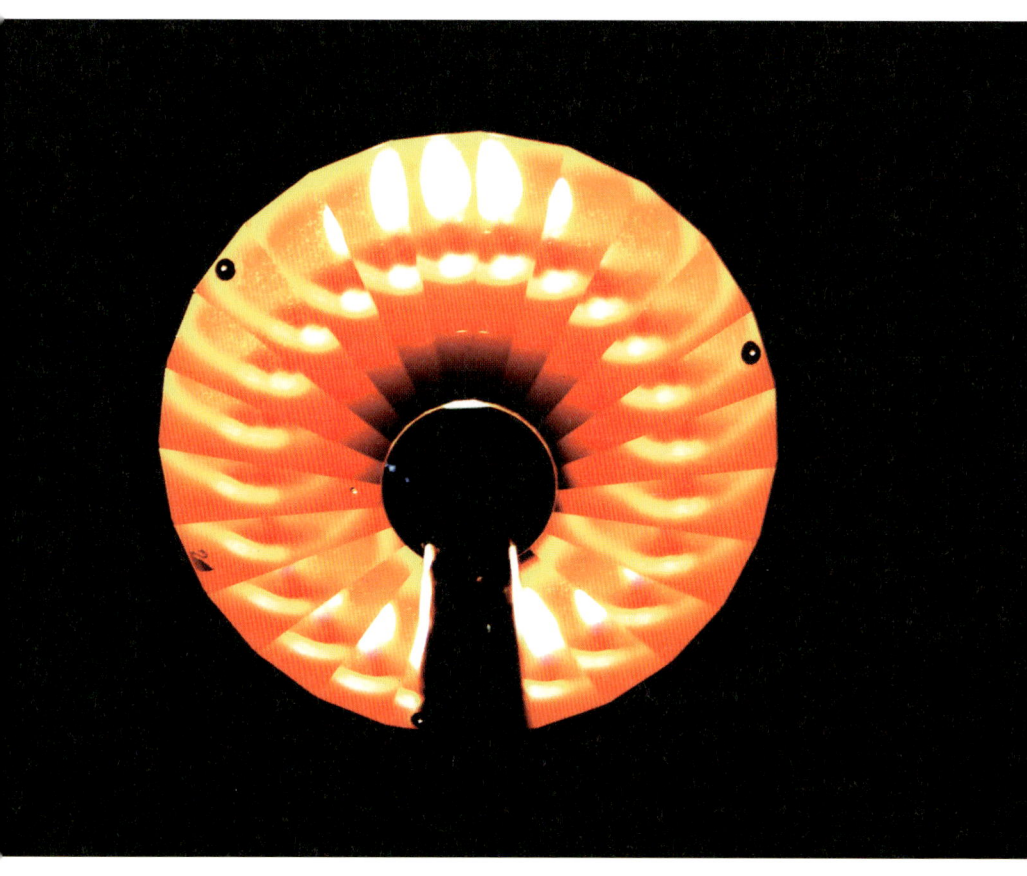

말과 침묵 그리고 마음

말은 가장 편리한 도구,

성현들 모두 말씀 많으셨네.

그러나 허물도 많기에

때로는 침묵으로도 대응했네.

부처님 꽃 드셔 가섭 웃고,

유마 침묵에 문수 찬탄.

이 모두 마음의 소통이니,

꽃과 침묵을 좇지 말 것.

■ 사진 - 스리랑카 거대한 바위 위의 옛 왕국이었던 시기리야(Sigiriya) 드높은 절벽 위에 남아 있는 암벽화(嵒壁畵).

님께서도 그와 같이

곱다 하시면

님의 마음도 고와지실 것이고

밝다 하시면

님의 마음도 밝아지실 것이며

높다 하시면

님의 마음도 높아지실 거외다.

■ 사진 - 부처님 오신 날을 봉축하는 개화사 앞 가로연등.

어버이

내 가슴에 피멍울로 남았다가
빛이 되고 향기가 된 큰 사랑 !

■ 사진 - 방혜자 선생 작품을 이미지에 맞게 임의로 약간 변
형시킨 것

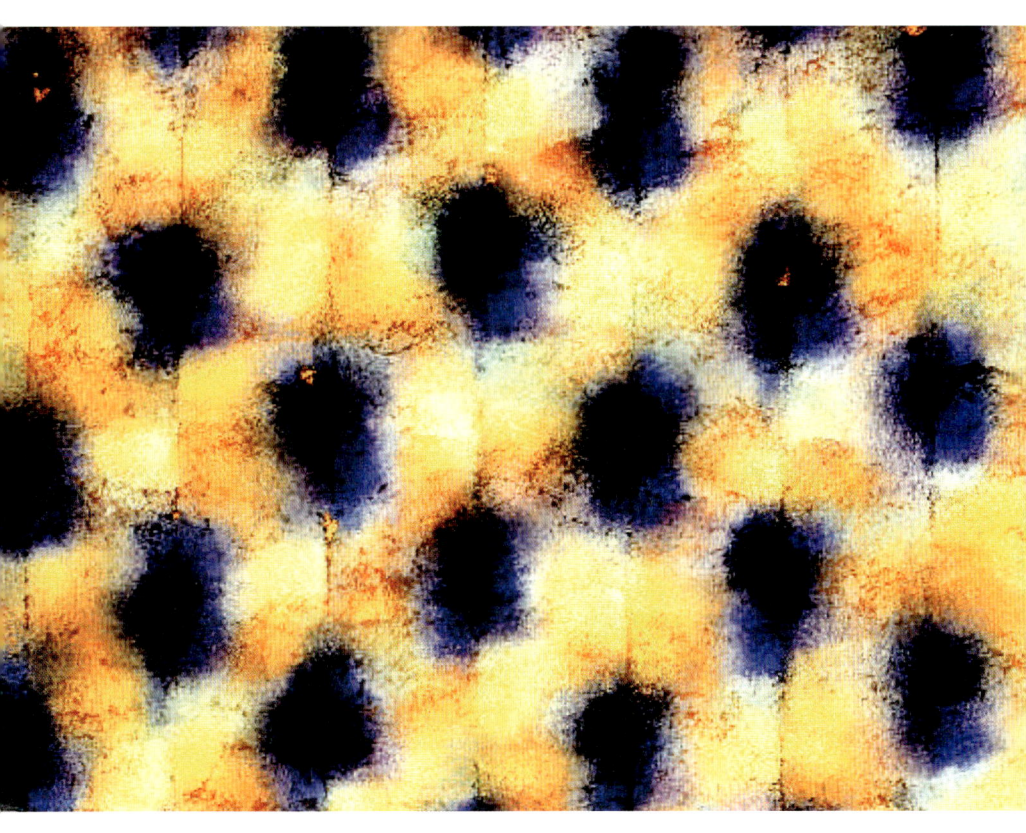

225

자등명 법등명(自燈明 法燈明)

저 허공에 높다랗게

등불 밝혀 두는 뜻은

자기 등불 본래부터 밝았음

잊지 않게 하고

말씀 이전 진리 등불 밝았음

깨닫게 하기 위함!

■ 사진 - (1) 초저녁 개화사 앞 가로연등. (2) 늦은 저녁 개화
사 앞 가로연등

■

자등명(自燈明) 법등명(法燈明)의 바른 옮김

부처님의 마지막 말씀이라는 '자등명(自燈明) 법
등명(法燈明)'을 번역할 때 흔히 '자신을 등불로
삼고, 법(부처님의 가르침)을 등불로 삼아라.'고
옮긴다. 하지만 이 번역은 매우 위험하다. 자신을
등불로 삼으라고 하면, 자기 뜻대로 하면 된다고
생각하여 오만해진다. 또 깨닫기 전에는 부처님

말씀을 잘못 해석하기 쉽다. 그래서 법(法)을 등불로 삼으라는 것도 아주 좋은 풀이는 아니다.

그러므로 이 구절은 '자신의 등을 밝히고, 진리의 등을 밝혀라'로 옮겨야 한다. 스스로 노력하여 깨달아 자신의 지혜 등불이 밝아져야 하는 것이며, 그 깨달음의 지혜로 부처님께서 가르쳐 주신 진리를 세상 사람들에게 제대로 전해야 하는 것이다.

세상에서 귀한 사람

그대 만나는 사람마다 편케 해 준다면

그대 세상에서 가장 존귀한 사람이리.

◾ 사진 - 부처님은 오직 괴로워하는 중생들을 생각하셨네.
미얀마 옛 불상 부분 – 개화사 소장.

■ 부처님 말씀

천상천하유아독존 삼계개고아당안지(天上天下
唯我獨尊 三界皆苦我當安之) : 세상에서 해탈
한 사람이 가장 존귀하나니, 존귀한 자여 이 세상
모든 괴로움 편케 할지라.

■ 송강 풀이

해탈한 사람은 어떤 것에도 의지하지 않는다. 왜
냐하면 자신이 모든 지혜를 갖추고 있기 때문이
다. 그러나 그 지혜는 이 세상 만나는 모든 이를
편케 하겠다는 자비심이 발현될 때 진짜가 되고,
참된 지혜와 자비를 갖추었을 때 비로소 해탈한
이는 가장 존귀한 사람이 된다.
해탈하는 것은 누구나 가능하다. 몸과 마음을 다
던진다면...

자긍심(自矜心)과 자만심(自慢心)

자긍심은 스스로를 지탱하는 기둥이 되고

자만심은 스스로를 빠뜨리는 함정이 되네.

◼ 자긍심(自矜心) – 자신에게 긍지를 가지는 마음.

◼ 자만심(自慢心) – 스스로 자랑하며 뽐내는 마음.

◼ 사진 - 정법을 따른다는 자긍심은 갖되 정법을 잘 안다는
자만심은 버릴 것.

작은 하나라도

그림의 한 부분을 보면
곧 전체를 짐작할 수 있습니다.
작은 언행을 통해
사람의 됨됨이를 짐작하게도 합니다.
삶에서 소홀히 할 수 있는 것은
아무것도 없는 것이지요.

◼ 사진 - 한산당 화엄대선사(寒山堂華嚴大禪師)의 금매화
도(金梅花圖) 부분 - 전체 그림의 기운이 어떠할지 짐작할
수 있다.

237

도인과 범부

천 사람이 굶주린 자를 위해 대신 밥을 먹고
그를 위해 대신 기도해도,
굶주린 자의 배는 여전히 고플 뿐만 아니라
결국 죽음에 이르게 된다.

스스로 길을 가면 도인이요,
그냥 멈춰 게으르면 범부이다.

이것은 정법(正法)시대나 말법(末法)시대나
한결같다.

■ 사진 - 부처님께서 진리를 설파하셨던 영취산 입구에서 구걸하던 여인. 부처님이 어떤 분인지를 알아보고 그 가르침을 실천했다면 그녀의 삶은 달라졌을 것이다.

본분(本分)

환한 빛이 참 좋다고 하는 것은
빛이 다른 것들을 비춰주기 때문.
하지만 그 빛에만 초점을 맞추면
다른 것들이 잘 보이지 않는다.
철학과 종교도 환한 빛과 같아서
우리의 삶을 밝고 아름답게 한다.
허나 오직 그 이론에만 매달리면
자신도 세상도 잘 보이지 않는다.

■ 사진 - 개화사 해 질 녘 태양에 초점을 맞추니, 주변의 숲
이 잘 보이지 않았다.

관점(觀點)

어떤 이는 끝없는 사막의 모래를 보고
죽음의 공포에 떨며 도망치려 하고
어떤 이는 사막의 몇 그루 나무를 보며
오아시스를 만들 희망찬 설계를 한다.

■ 사진 - 실크로드를 탐사하며 타클라마칸 사막 한가운데서
촬영. 2010년 8월 4일.

243

느낌과 표현

참 묘하게도

사람들의 느낌은 상대적이다.

더운 여름에

시원하다는 표현을 자주 하고

추운 겨울에

따뜻하다는 기쁨을 많이 말한다.

그럼에도

그 원리에 대해선 잘 모르는 듯하다.

■ 사진 – 개화사 신도인 향곡(香谷)거사 김영선 화백이
2005년에 직접 그림을 그려서 선물로 준 합죽선.

필름과 메모리카드

오직 한 가지 관념만으로 꽉 찬 사람은,
그 마음이 마치 촬영한 필름과 같습니다.
갖가지 생각들이 오가나 늘 비우는 사람,
그 마음은 고성능 메모리카드와 같습니다.
본래 마음은 최고 성능 메모리카드 같지만,
상을 지우지 않는다면 필름 같을 뿐입니다.

■ 사진 - 사진을 현상하는 용도 외에는 더 이상 새 영상을 담을 수 없는 사용한 필름과 지금까지 사용해 왔고 앞으로도 사용할 수 있는 메모리카드.

안내도와 목적지

문만 밝다는 것은
문을 열지 않았다는 것이며
안도 바깥도 잘 보지 못하고 있다는 뜻이다.
어떤 이들은 이론을 전부인 듯 귀히 여기며
목적지인 자신과 세상을 잘 모르는 이가 있
다.

■ 사진 - 집무실에서 상담을 마친 후 불을 끄고 나서려다 촬
영한 출입문.

집착(執着)과 변화(無常)

과거의 어떤 상황에 화가 나서
오랫동안 그것을 잊지 못하고
가슴 속에 원한을 굳게 갖지만,
그 상황은 그때 이미 끝났고
모든 것은 완전히 변해 버렸다.
상대도 세상도 이미 달라졌는데
자신만 과거에 묶여 고통스럽다.
세상 모든 것은 끝없이 변하나니
무상(無常)의 원리 깨달은 사람은
세상의 모든 것으로부터 자유롭다.

■ 사진 - 시계는 사진을 촬영할 당시의 시간에 멈추었다. 하지만 성당종탑의 실제 시곗바늘은 계속 돌았을 것이고 시간 또한 쉼 없이 흐르고 있다.

완전한 평화

깨달음에 이르지 못한 선정(禪定)은 불완전한 상태이며, 괴로움을 완전히 넘어선 경지가 아니다. 해탈의 경지에 이르기 위해서는 끝없이 헤아리고 분별하는 말나식(末那識)이 평등성지(平等性智)로 전환되어야 하며, 번뇌의 씨앗인 아뢰야식(阿賴耶識)이 완벽한 대원경지(大圓鏡智)로 전환되어야 하는 것이다. 이 지혜의 경지는 일상의 삶 자체가 삼매(三昧)로 전환되는 것이기에 더 이상 괴로움이 일어나지 않는 것이다.

■ 사진 - 여기 주는 이가 있고 받는 이가 있지만 높고 낮음은 없고 시비선악(是非善惡)도 없다. 매양 이와 같음이 일상삼매(一相三昧)이며 일행삼매(一行三昧)이다. 라오스의 탁발

주인공(主人公)

새로운 바깥경계를 만나면

빠짐없이 낱낱이 살피지만

대상이 쉼 없이 바뀌어도

살피는 주인공은 한결같다.

◼ 사진 - 해외골동품전문점에 공양초대를 받아 갔을 때 외국
의 골동가구를 살펴보던 장면

자비 또는 배려

타인을 위해 기도하는 사람은

자신의 소소한 문제들로

근심하거나 슬퍼하지 않는다.

■ 사진 - 부탄의 험한 도출라 산길에 통행하는 이들의 안전
을 기원하며 걸어 둔 룽다.

안목(眼目)

비록

다이아몬드를 손에 쥐어 주어도

감별 능력이 없는 사람에게는

그저 유리 조각에 불과한 것이다.

행운이

바로 앞에서 인사를 할지라도

어떤 이는 그저 불행이라고만 여긴다.

■ 사진 - 제망라포무비수(帝網羅捕無鼻獸 – 제석천의 인드라망 그물은 콧구멍 없는 짐승을 사로잡는다.) 깨달음의 경지를 읊은 이 멋진 구절의 편액도 모르는 이에겐 그저 널빤지에 불과하다. – 1970년대 말, 모 사찰 구석에 있던 것을 살피고 있는데, 함께 있던 이가 촬영한 것.

절약(節約)

무딘 가위로 자르느라

시간과 노력을 허비하고 있는 사람,

지혜로운 이는 그를 칭찬하지 않는다.

새 가위를 구해

단번에 잘라내고 한가로워지는 이,

그가 바로 참된 절약을 아는 사람이다.

◾ 사진 - 부탄의 큰 사원인 '왕디 포드랑 종'에 있는 지름길 통로. 바삐 움직일 때는 단순해야 한다.

어울림 또는 조화(調和)

아름다움은 어울림.

있어서 불편하지 않고 서로 좋은

없으면 왠지 섭섭하고 허전한

그래서 함께 있어야 할 그런 관계.

■ 사진 - 가장 조화로운 도량의 모습을 잘 보여주는 남해 용
문사의 배치. 왼쪽이 조금 앞으로 나온 것이 흠이라면 흠이
다. 2016년 10월 20일 참배 후 촬영.

263

마음이 화가

거친 시멘트와 판자 그리고 슬레이트 지붕의
비탈진 달동네를 야외화랑으로 만든 것은 오
직 아름다움을 그리고자 한 사람의 마음이
다.
그러니 우리가 늘 잊지 말아야 할 것은 자기
마음이 황무지인지 꽃밭인지를 살피는 것이
다.

■ 사진 - 통영 동피랑 마을 초입의 벽화와 벽화를 그리고 있
는 화가 − 2016년 10월 20일 아침 촬영.

밝고 맑게 보기

마음에 티끌 하나라도 있으면 흠이 생긴다.
맑은 거울 같아야 비로소 진실이 보인다.
보려고 애쓴다고 다 볼 수 있는 것이 아니다.
그냥 있는 그대로 비춰져야 참다운 것이다.

■ 사진 - 대만의 국보급 화가였던 대천거사(大千居士) 장원
(張爰, 1899~1983)의 문수보살도 상단 부분. 개화사 주지실
소장.

어떤 삶인가?

손익(損益)을 따짐은 시장의 계산이고
선악(善惡)을 논함은 길 위의 이치며
성범(聖凡)을 가림은 숲 속의 삶일 뿐.
꼭대기 이른 이는 자유자재 걸림 없다.

■ 사진 - 모든 곳으로 향하고 모든 곳으로부터 모여든다. 개화사 영가(靈駕)를 위한 등(燈).

시야(視野)

깊은 밤중 뜰에 나서는데 귀퉁이의 센서등이 켜지면서 바로 앞의 영산홍만 눈에 들어왔다. 그 많던 다른 나무들은 약한 불빛이 미치지 못했기에 마치 없는 듯했다. 그렇다고 뜰에 영산홍만 있는 것일까?

▣ 사진 - 한밤중 센서등 불빛에 유일한 것처럼 보이던 영산
홍. 사실 대낮에는 많은 나무 사이에서 거의 눈에 띄지 않던
것이다.

각도(角度)

계단을 통해 법당으로 오르는데,
문살이 요술을 부렸다.
내가 올라갈수록 살아 움직이는 듯
모습을 계속 바꿨다.
문살이야 본디 만들어진 모습을
갖추고 있었던 것이지만
보는 내 눈의 각도에 따라
무수하게 변화를 일으킨 것.
내가 '그렇다'고 판단한 것은
그 순간에만 그랬던 것이다.

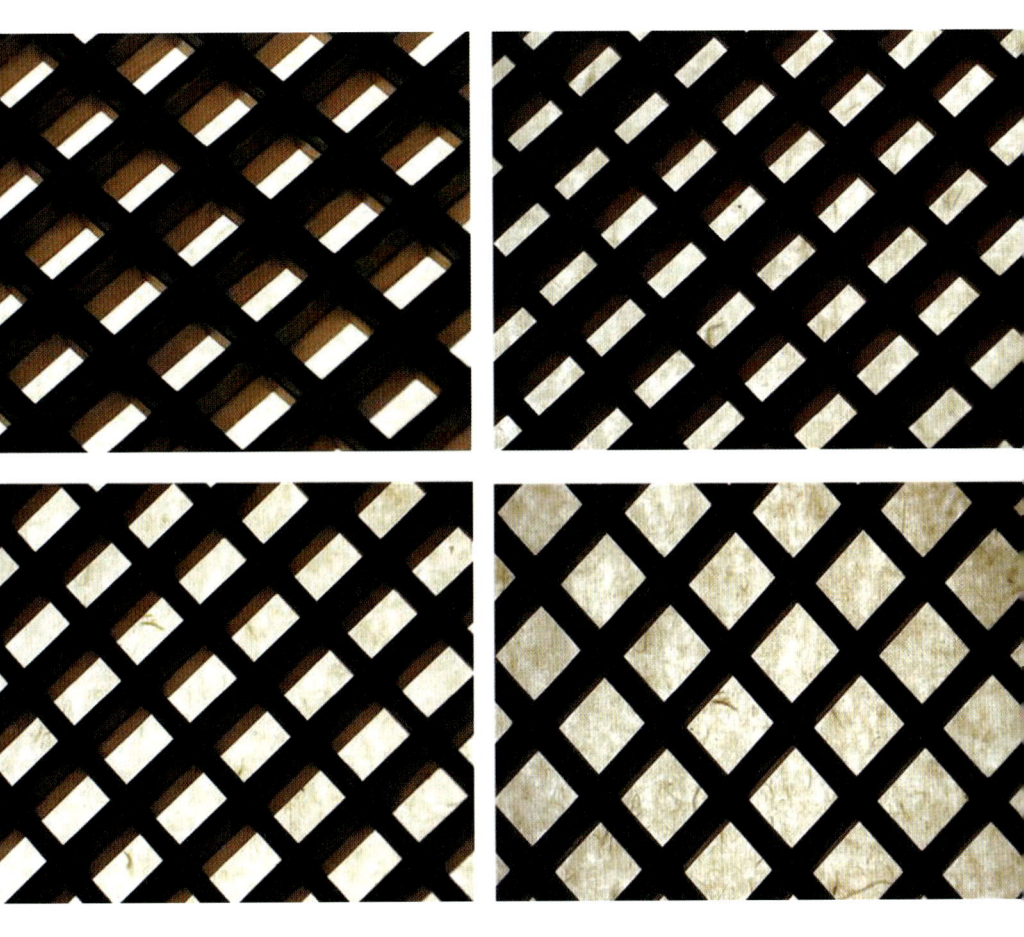

■ 사진 - 법당에 오르면서 출입문을 촬영한 네 컷. 각도에 따라 완전히 다른 모습을 보여준다.

273

강한 것이 능사는 아니다

산에 갔다가

멋있게 내려 쏟는 폭포를 만났다.

참으로 맑아 보여

가져간 물통을 갖다 대었다.

그러나

물줄기가 너무나 드세어 모두 튀었고

수고한 노력에 비해

받은 물은 아주 빈약했다.

■ 사진 - (1)중국 강서성(江西省)에 있는 여산폭포(廬山瀑布). 이백(李白)은 '망여산폭포(望廬山瀑布)'에서 "비류직하삼착척(飛流直下三千尺) 즉 '나르는 물줄기 삼천 척이나 쏟아 내린다.'고 했다. − 2012년 10월 6일 촬영. (2)근접해서 촬영한 여산폭포의 물줄기.

274

275

나무 베는 법

큰 나무를 베려고 할 때는 톱질을
쓰러뜨리려는 반대쪽에서 해야 한다.
만약 쓰러뜨리려는 쪽을 베기 시작하면
얼마 베지도 않아서 톱이 나무에 물려
나무도 베지 못하고 연장도 못쓰게 된다.

■ 사진 - 깃발은 바람 부는 반대쪽으로 펄럭이는 법이다. —
부탄의 도처에 나부끼는 깃발.

삶의 길

나라는 집착도 사라지고(無我)

내 것이라는 생각도 사라진다면(無所有)

삶의 길이 밝게 드러나 분명해질 것이다.

■ 사진 - 새들은 지도책을 뒤적이지 않는다. 허공이 곧 길이
다.

바로 지금

자신의 마음에

분노와 미움과 슬픔을 가득 채우면

사랑과 기쁨과 행복은

저만큼 떨어져 있게 됩니다.

인생은 꿈꾸는 먼 것이 아니라

바로 지금 자신의 마음입니다.

■ 사진 - 나는 지금 무엇을 대하고 있는가? – 수안스님 작품

(개화사 소장)

홀로가기와 따라가기

오래전 루브르에서 작품을 감상할 적에 내닫던 무리가 있었다. 한국 사람들이기에 어딜 바삐 가냐고 물었더니 모나리자 보러 간다고 했다. 잠시 후 다시 반대방향으로 내닫던 그들이 비너스를 보러 간다고 했다. 종일 루브르의 작품들을 감상해도 시간이 부족하던 나에겐 그들이 참 불가사의했다. 샤를드골공항에서 그들을 다시 만나게 되었을 때, 이번 여행에서 가장 기억에 남는 것이 무엇이냐고 물었더니 가이드의 뒷모습과 그의 깃발이었다고 했다.

▣ 사진 - (1) 파리의 샤를드골공항의 광고판 앞에서 즐거워
하는 아이들 – 2008년 10월 13일 촬영. (2) 파리의 샤를드골
공항의 광고판 – 2008년 10월 13일 촬영.

매화 찾기

겨울에 매화나무 쪼갠다고
어찌 매화꽃 볼 수 있으랴.
봄 되면 스스로 피어나
천지에 맑은 향 가득하리니.

■ 사진 - 은법사(恩法師) 한산화엄대선사 매화도의 아주 작
은 부분

절망과 희망

어느 방향에서는 일몰이면서
동시에 어느 방향에서는 일출이다.
우리네 삶도 또한 그러하여,

어느 방향에서는 절망처럼 보여도

다른 방향에서 보면 곧 희망일 수 있다

◼ 사진 - 비행기에서 본 일출

절대자유의 삶을 위해

자기 안에 있는 빛나는 보석
세상에서 그보다 귀한 것 없네.
 모든 괴로움 다 소멸할
맑고 밝은 지혜의 창고라네.
누구라도 용맹정진한다면
자신의 무진보배 쓸 수 있으니
우리도 부처님처럼
근심 걱정 내려놓고
정진해 보세.

■ 사진 - 부처님께서 깨달음을 이루신 곳에 세워진 보드가야 대탑의 외벽에 모셔진 작은 불상 – 2009년 12월 6일 저녁 촬영

꽃이 지니 미소 짓네(落花微笑)

부처님 꽃 드시고 가섭존자 빙긋 웃은 곳
예나 지금이나 한결같은 그때의 모습이네.
부처님께 예 올리고 두 손 고이 모았더니
여래의 머리 위로 붉디붉은 꽃이 떨어지네.
산천초목은 무량한 법문에 찬탄을 올리옵고
대중들의 마음에는 향기로운 미소 피어나네.

▣ 사진 - 염화미소로 잘 알려진 영취산 참배하고 합장하니
부처님 머리 위로 붉은 꽃이 떨어졌다. 순간 대중들의 마음에
향기로운 미소가 피어났다.- 성지순례 중이었던 2017년 2월
17일 해 질 녘에 촬영.

스스로 빛이 되자

밤중 어둠 속에 주변 사람들이 두려워한다면 손을 마주 잡고 낮이 되길 기도하기보다는 스스로 작은 빛이라도 되어 발아래를 밝히자.

◼ 사진 - 인도 라즈기르(왕사성) 영취산 여래향실을 참배하고 내려오던 길에 작은 불빛에 의지하여 다리를 건너는 불자들. - 2017년 2월 17일 18시 6분경 촬영.

붓다가야(보드가야)의 새벽

뼛속을 아리게 하던 간밤의 추위는
겨울바람 더불어 남은 잎새 떨구더니,
오늘 먼 하늘엔 맑고 고와라.
이른 새소리 별빛 더불어 나른다.
차가운 듯 푸르른 둥근 달은
하늘 버틴 고목에도 아니 걸리고,
빈 뜰에 홀로 서노라니
빛살 되어 향기 되어 님은 날 감싼다.

■ 사진 - 부처님께서 까달음을 이루신 붓다가야(보드가야)
마하보디 사원에서 새벽 예불과 기도를 올린 뒤 본 일출 -
2017년 2월 17일 07시 4분에 촬영.

지혜-세 가지 렌즈처럼

망원렌즈는 대충 스치지 않고 깊이 살피는
지혜와 같으며,
광각렌즈는 하나에 집착치 않고 전체를 보는
지혜 같으며,
표준렌즈는 망상에 빠지지 않고 실상을 보는
지혜와 같다.
이 세 가지 지혜는 본래 우리의 맑은 본성에
있는 것이다.

■ 사진 - (1)인도 바라나시의 레디슨(Radisson) 호텔의 로비를 2층에서 광각렌즈 11mm로 잡은 것. (2)인도 바라나시 레디슨(Radisson) 호텔 로비의 탁자 위에 있는 장미 꽃잎을 담은 물그릇을 표준렌즈로 잡은 것. (3)인도 바라나시 레디슨(Radisson) 호텔 로비의 탁자 위에 손님을 위해 마련한 선물인 물그릇에 담긴 장미 꽃잎을 망원줌으로 당긴 것.

능력과 노력

화두병으로 무쇠상자에 갇힌 지 수년
어느 날 능력 없음을 탓하고 있을 때
신도님 아이가 첫 걸음 걷기 위해
일어났다 주저앉길 무수히 함을 보았다.
그 순간 번쩍 뇌리를 강타한 것은
타고난 내 능력이 없는 것이 아니라
깨닫기 위한 노력이 부족했다는 것이었다.

▣ 사진 - 70년대 은사스님을 모시고 화두병과 싸우며 일궜던 영구암의 밭들 - 2013년 은사스님 추모법회에 참석했을 때 영구암에 올라 촬영.

마음에서 시작해 행위로 이룬다

몇몇이 만들기엔 너무나 많은 등이지만
모두가 손을 보태니 짧은 기간에 이루었다.
모든 일은 마음에서 시작해 행위로 이룬다.

■ 사진 - 개화사 초파일 등. 천장의 등과 바닥의 등이 하나의
그림처럼 어우러졌다.

꿰뚫어 보는 눈

물고기를 잡는 어부는

물밑을 꿰뚫어 볼 수 있어야 하고,

깨달음에 이르려는 수행자는

경전의 단어나 문장 너머를 봐야만 한다.

■ 사진 - 미얀마 헤호의 인레호수에서 고기잡이를 하는 어
부. 2012년 11월 23일 망원렌즈로 촬영.

303

관계(인연-因緣)

지혜로운 이는

애쓰지 않아도 멋진 인연 찾아오고

집착 많은 이는

부질없이 애써서 복잡한 인연 만들며

어리석은 이는

나쁜 언행으로 인연 끊겨 외톨이가 된다.

■ 사진 - 비 오는 날 산행에 나서다가 촬영한 법당 너머의 매화. 수줍은 듯 토라진 듯. – 2017년 4월 5일 촬영

아름다운 넋이여

봐 주지 않는다고 섭섭해 하지 않고
높은 곳에서만 피려고도 하지 않으며
있는 자리에서 묵묵히 최선을 다할 뿐인
그래서 더욱 고귀하고 아름다운 넋인 그대
여!

■ 사진 - 개화사 장독대 너머 외진 곳에 마치 없는 듯 피어
있는 매화. 2017. 4. 7

참된 수행

수행자에겐 모든 언행이 곧 수행이다.
수행과 수행 아닌 시간이 따로 없다.
마음 밝히는 일에 어찌 때 아님 있으랴.
어떤 행위라도 곧 수행이어야 하고
언제나 맑고 향기로워야 하는 것이다.
거울이 어느 때라도 비춤을 그치지 않듯
수행자의 마음도 언제나 삼매여야 한다.
만일 그렇지 못하다면 아직 티끌 속이다.

■ 사진 - 박황재형 작가님의 작품. 개화사 설법전 소장

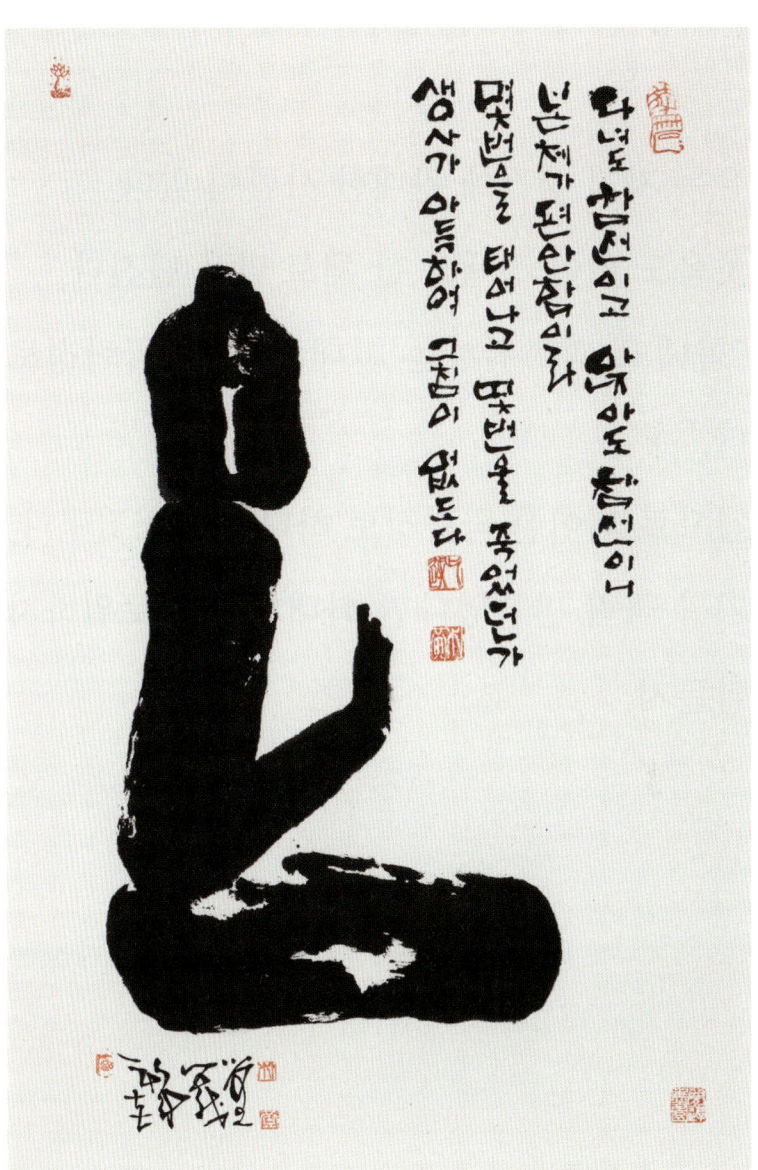

너도 참선이고 나도 참선이니
누천가 편안함이라
명상으로 태어나고 참선을 꿈꾸었던가
생사가 아득하여 그림이 없도다

309

자기 생각에 관대한 사람

유독 자기 생각에 관대한 사람이 있다.

웃음도 없이 정색을 한 채로 말을 던진다.

"화내고 괴로워하는 그대로가 곧 극락정토
다."

참으로 괴이한 극락정토 하나 만들어졌구나.

기왕 극락 만들었다면 화내거나 괴로워하지
말든지.

■ 사진 - 조금만 좋으면 춤추고 노래하다가도 조금 틀어지면
치고받으며 싸우는 사람들. 개화사 영단탱화 부분도.

모양 없는 등

이리 정성스레 고운 모양으로

온갖 등을 달아 밝히는 까닭은

그대 마음속의 모양 없는 등이

안과 밖 환하게 비추길 바라서랍니다.

■ 사진 - 개화사 주지 집무실 채 서까래 아래 불 밝힌 팔각색
등.

313

반야검(般若劍)

검을 한 번 잡아보았다고 자랑하지 마시구려.
자유자재한 사람은 검을 보여주지 않는다오.
터럭만큼 빗겨갔다 해도 어긋나 버린 것이니
다른 곳에 휘두른 것을 두고 무에 자랑하리오.
선지식의 검 보는 순간 목 달아날 줄 안다면
돌아볼 틈도 없이 십리 밖으로 도망갈 터인데.
어쩌랴, 목 떨어짐을 알아차릴 수나 있으려나.

■ 사찰에는 '반야의 검을 찾는 집'이라는 뜻의 심검당(尋劍堂)이 있다. 예전에는 주로 선원 또는 강원으로 쓰던 장소였다. 선문답이나 화두타파는 일반 시험이나 퀴즈풀이와는 완전히 다른 것이다. 제대로 한 것이라면 한 번에 해탈에 이른다. 여전히 분별이나 하고 있고 괴로움을 토로하고 있다면 통과한 것이 아니다.

■ 사진 - 1979년 부산 범어사불교전문강원 경반시절 심검당
(尋劍堂) 앞을 거닐고 있을 때 다른 스님이 촬영한 것.

어둠의 미덕(美德)

어둠이 때로는

사물을 더 아름답게 만들어 주듯

사람도 빛을 감출 때

오히려 상대를 멋있게 만들어 준다.

■ 사진 - 개화사 안과 밖의 등을 사람들은 낮보다 밤에 더 좋아한다.

당신 안의 등불과 부처

그대 안의 지혜등불은
사진의 등보다 훨씬 밝답니다.
그대 청정성품 안의 부처는
사진의 부처보다 훨씬 장엄하답니다.

◼ 사진 - 개화사 일주문을 중심으로 한 등불과 북제시대의
불상 상반신.

319

직관(直觀)-무심(無心)의 관조(觀照)

내면의 분별망상이 쉬면 거울처럼 되어
찰나마다 눈앞의 모든 것이 분명해지고,
집착 일으키면 카메라 셔터 느릴 때처럼
눈앞 빠른 현실을 제대로 파악치 못한다.
직관이 안 되면 현재도 파악 못하거니와
미래에 대한 예측도 할 수 없을 것이다.

■ 사진 - 셔터를 아주 느리게 한 상태에서 카메라가 흔들리면 본래의 모습을 잡지 못한다. 집착이 많은 이도 그와 같아서 눈앞의 빠른 변화를 따라잡지 못한다. - 벌브 셔터인 줄 모르고 개화사 연등을 촬영하며 카메라를 움직인 영상.

주인공(主人公) 되기

주인공이 되는 길은 아주 간단합니다.

가장 높게도 아니고 가장 많게도 아닙니다.

유명하게도 아니고 대중의 중심도 아닙니다.

그저 세상 어떤 풍파에도 흔들리지 않는

자기 본래의 자리에 있으면 되는 것이랍니다.

■ 사진 - 인도 바라나시 강가(Gaṅgā-갠지스 강) 일출 -
2017년 2월 16일 촬영.

작은 꽃

거친 풀 사이에 가려

잘 보이지 않는 작은 꽃

보잘것없다고 무시하지 마오.

그대 공들여 보살핀 화려한 꽃보다

훨씬 강한 생명력으로 그리 핀 것이라오.

■ 사진 - 뜰의 풀밭에 숨은 듯 핀 작은 꽃을 매크로렌즈로 촬영.

텅 비어 견고한 것(虛凝)

세상에서 제일 강한 것이 무엇일까요?

거울 앞에 서면 보이는 것이 있을 것입니다.

그 보이는 것을 다 지워버리고도 남는 것,

텅 비어 아무것도 보이지 않는 바로 그것이

어떤 것으로도 허물 수 없는 가장 견고한 것

이랍니다.

■ 사진 - 창밖으로 보이는 호주 시드니의 야경과 호텔방 안
의 모습, 그것을 보며 촬영하는 내 그림자까지 모두가 견고한
것이 아니다. 그럼 무엇이 견고할까?
2010년 9월 27일 밤 촬영.

책임회피

"성현이 아니니 틀릴 수도 있지!"

"전지전능한 분이 가르쳐 주실 거야!"

너무나 당연한 듯 사용하는 이 말에는
자기의 잘못을 책임지지 않는 구실이나
노력하지 않는 자신의 게으름을 정당화하려는
얄팍한 심리가 은연중에 작용하고 있는 것이
다.

■ 사진 - 자신의 마음이 열리기 전에는 이 부처님의 설법은 결코 들을 수 없다. – 흑유(黑釉)를 사용한 불두(佛頭). 고려 시대로 추정, 개화사 소장.

하심(下心)

몸과 마음을 낮추면

공덕이 쌓이고 지혜가 발현된다.

■ 사진 - 캄보디아 국왕이 지혜를 구하려고 고승에게 공양을
올리는 모습 - 옻칠에 금.

331

지혜

지혜란

빛처럼 제 색이 없는 것.

그럼에도

모든 모양 드러나게 하는 것.

▣ 사진 - 중국 경덕진에서 만들어진 청화백자(靑華白磁) 찻
종(茶鐘). 만약 빛이 색을 가지면 청화백자로 보이지 않을 것
이다.

각양각색(各樣各色)

가을 뜰에 핀 작은 꽃 두고
어떤 이는 아름답다고 하고
다른 이는 측은하다고 하며
곁에 있던 이 앙증맞다 하고
가까이 본 이 당당하다 하네.
작은 꽃 하나도 이러하거늘
종교와 사상 말해 무엇하리.

■ 사진 - 가을 풀밭에 핀 고들빼기 꽃.

이사무애(理事無碍)

이치에 통달하면 모든 일이 명확해지고
사태의 진실을 보려면 지혜로워야 하네.
고요함을 찾는 자 생각 끊으려 바쁘고
모르는 체 외면하더니 억울함 호소하네.

◼ 사진 - 인도 바라나시 – 이곳 떠나 정토가 따로 있을까. 그
렇다고 풍랑에 휩쓸리면 더욱 멀어진다. 2017년 2월 15일 촬
영

337

평등

담 따라 안과 밖을 나누고

나무 따라 제각기 색을 달리하나

지혜로운 이는 차별 없이 우주를 본다.

■ 사진 - 개화사 담 안의 붉은 단풍과 담 밖의 은행이 모두
가을을 보여준다.

339

애매(曖昧)와 모호(模糊)

논리학에서 애매(曖昧)는 두 가지 이상으로 해석되는 경우를 말하고, 모호(模糊)는 그 범위를 정하기 어려운 경우를 뜻한다.

철학과 종교의 언어는 매우 애매하고 모호한 경우가 많다. 불교의 고승들은 이 폐해(弊害)로 인해 잘못되는 것을 막기 위해 갖가지 연구서를 내놓았다. 유식론(唯識論) 인명론(因明論) 중론(中論) 대승기신론(大乘起信論) 입보리행론(入菩提行論) 등이 대표적이다.

그러나 이 논들은 모두 깨달음에 이르게 하기 위한 장치이지 목적이 아니다. 그렇기 때문에 깨달음의 체험이 없이 학문적 또는 언어적 해석에만 치중하다 보면 언어의 유희(遊戲)에 그치게 되고, 사람들을 더욱 어지럽게 할 수도 있다.

종교의 언어가 애매모호해지면 사이비가 될 가능성이 높고, 정치의 언어가 애매모호해지면 불행한 결과를 가져올 수도 있다.

■ 사진 - 자정 무렵 개화사 마당에서 촬영한 사진. 개화사 불자들은 이 사진만으로도 분명히 알지만 개화사를 와 보지 않은 이들에게는 이 사진만으로는 불분명할 것이다.

보냄 그리고 만남

더불어 즐거웠으니

보냄도 즐거움이라.

이별은

또 다른 만남이니 그도 좋음이라.

■ 사진 - 개화사 집무실 뒤의 마로니에가 묵은 옷을 벗었다.
나무는 잎에 가렸던 온몸을 드러내 보인다. 조만간 연둣빛 옷
을 보일 것이다.

본래부터 그러함

바람 자는 곳 향기는 그윽하고
새 울음 뒤에 천지가 고요하다.
물이야 밝은 달 더불어 흐르고
하늘은 흰 구름 어르며 밝구나.

■ 사진 - 1978년 해인사 하안거 용맹정진 후 가야산을 오르며 도반들과 한 컷.

향을 마심

뽀얀 무유약(無釉藥) 덕화백자 개완에
침향 가라 몇 조각 툭툭 잘라 넣고
펄펄 끓어 때를 다 벗은 물 부으면
천년 세월 스친 바람의 향기가 일어난다.
바람 잡아 속내 우린 차 입에 머금으면
영취산 가섭존자 미소가 피어나고
석가세존 연꽃 한 송이 내려놓으신다.

■ 침향(沈香) – 베트남을 중심으로 동남아에서 생산되는 최고급 향나무. 수지가 많은 최상급은 물에 가라앉기에 침수향(沈水香) 또는 침향이라고 한다. 수지(樹脂)가 꼭 찬 것을 좋은 침향으로 친다.

348

■ 사진 - 유약(釉藥) 처리를 하지 않은 덕화백자 개완(蓋碗)에 침향 가라 몇 조각 넉넉하게 넣고 뜨거운 물로 우린 상태. 향의 적고 많음에 따라 그 깊이가 완전히 달라짐. 열흘 정도 차로 마시고 모래알 크기로 잘라 전기향로에 몇 알갱이씩 올려 품향(品香)을 할 수 있음.

■ 가라(伽羅) - 산스크리트 kālāguru를 소리대로 옮겨 줄인 말로 흑침향목(黑沈香木)이라 한역(漢譯)했다. 최고등급의 침향을 일컫는 말이며, 열을 가하지 않아도 아름다운 향기가 뿜어져 나온다.

그림자 없는 나무

짝할 것 없는 듯 우뚝 솟아서

강물마다 달 꽂히듯 나투도다.

허공 가득 걸림 없이 펼치나

잡으면 티끌 하나 흔적 없어라.

■ 사진 - 스위스 마테호른 가까운 곳을 날고 있는 패러글라
이더. - 2016년 5월 25일 촬영.

자유자재(自由自在)

대단히 어렵고도 지극히 쉬우며
가장 드높고도 너무나 평범하다.
손가락 퉁기는 새 온갖 법문 꿰뚫고
한번 뜀에 곧바로 여래의 땅에 든다.

■ 사진 - 삶은 스스로 강을 건너는 것과 같다. 배의 방향과
속도는 스스로 정할 뿐이다.

밥상보

자투리 천 여럿 모아 하나로 만든 밥상보
맹물만 사발에 담아 밥상보 덮어 두어도
대단히 맛있는 음식 있는 양 착각을 하지.
그러니 밥상보 거두고 실상을 봐야만 해.
때로는 천재 예술가의 멋진 작품인 듯한데
때로는 전문꾼들의 사기수법 같기도 하지.

■ 사진 - 여러 색의 천 조각으로 만든 밥상보.

355

숫돌 같다고?

타인을 깨달음으로 인도하는 보살행 두고
닳아 없어질 숫돌에 비유하는 경우가 있네.
다른 사람의 지혜칼날을 세워주다 보면
자신의 모든 것이 닳아 없어지리라는 것.
그러니 보살행 할 것 없다고 충고를 하네.
닳아 없어질 것이라면 인위적인 것일 뿐
허공 같은 본성도 빛 같은 지혜도 아니거늘
그런 지견으로 누굴 가르친다고 나서는가.

▣ 사진 - 티벳 스님들이 물들인 모래로 만다라를 조성하고
있는 모습. 모래를 뿌려 불화를 조성한 후 의식을 마치면 순
식간에 모래 만다라(Sand Mandala)를 쓸어서 물에 뿌린다.
모양 있는 모든 것은 임시로 보일 뿐이다. 그 너머를 봐야만
한다.

송강 스님 영상 화두

말·침묵 그리고 마음

초판 발행 2018년 5월 22일(부처님 오신 날)

글   시우 송강

사진   시우 송강

발행인   이상미

발행처   도서출판 도반

편집팀   김광호, 이상미

대표전화   031-465-1285

이메일   dobanbooks@naver.com

홈페이지   http://dobanbooks.co.kr

주소   경기도 안양시 만안구 안양로 332번길 32

* 인터넷에서 개화사를 검색하시면 송강 스님을 만나보실 수 있습니다.
  http://cafe.daum.net/opentem